AF578819

Bakery hits!

NOELIA TORÉ
@bakerybynoelia

Bakery hits!

Las **50 recetas** más impresionantes y virales de TikTok

Rocaeditorial

Primera edición: marzo de 2026

Travessera de Gràcia, 47-49. 08021 Barcelona

Diseño de maqueta: Comba Studio

Printed in Spain – Impreso en España

ISBN: 979-13-87629-54-0
Depósito legal: B-23.257-2025

Impreso en Índice, S. L.
(Barcelona)

RE29540

A Álex y Marta, gracias por hacer posible este sueño

Índice

Introducción

Si hace un año me hubieran dicho que estaría escribiendo mi segundo recetario, no lo habría creído. Pero aquí estoy, redactando las primeras líneas de este proyecto que tanta ilusión me hace: *Bakery hits!* Si te soy sincera..., ¡sigo sin creérmelo!

Bakery by Noelia nació como un sueño, una ilusión que me acompañó desde pequeña. Siempre supe que lo mío no era pasar ocho horas en una oficina, sino rodearme de creatividad, alegría y, por qué no decirlo, cosas deliciosas. En la pastelería encontré mi lugar, mi refugio y el espacio perfecto para desarrollarme y crecer. Para muchas personas la repostería no es un medio de vida, pero sí un momento de disfrute, un ratito terapéutico que ayuda a desconectar y a gozar de la cocina.

Después de la experiencia con *Oh, my cookie!*, aún quedaba mucho por contar (¡nada menos que cincuenta recetas emblemáticas de mi pastelería!). Así que, cuando mi editora me propuso un nuevo libro, no lo dudé. En estas páginas reúno las mejores recetas que he ido perfeccionando a lo largo de los años: desde los cheesecakes más clásicos hasta otros más contemporáneos, como el de Nutella® y Oreo®, pasando por bizcochos sencillos y tartas de diferentes sabores y texturas.

Este libro está dividido en nueve capítulos, organizados por tipo de elaboración. Todas las recetas están pensadas para que puedas hacerlas en casa sin complicaciones, siempre con ingredientes de calidad y los utensilios básicos de pastelería. Además, son ideales también para cafeterías y obradores; si tienes un negocio, podrás incorporar postres a tu vitrina..., ¡y te aseguro que van a triunfar!

Espero que disfrutes muchísimo con *Bakery hits!* y que te inspire a crear momentos únicos en tu cocina o a celebrar cualquier ocasión especial.

Cheesecakes

Que este sea el primer capítulo de *Bakery hits!* y además uno de los que tienen más recetas no es casualidad: ¡AMO LOS CHEESECAKES! Me fascinan tanto los semifríos como los horneados, y si en una carta de postres aparece un cheesecake, lo pido siempre. Pero confieso que soy exigente: me obsesiona que esté a la altura de la comida y me pone un poco triste que me sirvan un cheesecake mediocre después de unos buenos platos elaborados. Por eso he cuidado cada detalle de las recetas que encontrarás aquí, me he asegurado de que todas sean de diez. En estas páginas descubrirás desde clásicos hasta versiones más modernas, como el de Nutella® u Oreo®, e incluso el cheesecake japonés, que cada bocado es como una nube.

Para que un cheesecake sea perfecto, tiene que ser cremoso, suave y lleno de sabor (¡elige siempre queso de la mejor calidad!). Prepararlo me resulta tan placentero como saborearlo, y en este capítulo quiero compartir contigo mis recetas más queridas para que puedas disfrutarlas en casa cuando quieras.

Cheesecake clásico al horno

Este cheesecake clásico es el básico que tienes que probar sí o sí. Si te apetece innovar y darle tu toque, puedes utilizar 500 g de queso crema y los otros 150 g reemplazarlos por un queso que te guste, como el gorgonzola o el camembert. También lo puedes acompañar de una compota casera de arándanos o frambuesa.

BASE DE GALLETA:

300 g de galletas maría o similar

80 g de mantequilla sin sal

CHEESECAKE:

650 g de queso crema

5 huevos frescos

200 g de nata de montar

100 g de harina floja

250 g de azúcar blanco

Empieza preparando un molde desmontable de unos 20 cm de diámetro. Forra la base con papel de horno, o utiliza uno normal y cúbrelo con papel de horno.

Tritura bien las galletas hasta que queden hechas polvo y mézclalas con la mantequilla derretida. Remueve hasta que se integre todo y reparte la mezcla en el molde. Aplasta con una cuchara para que te quede una base firme y uniforme. Si hace calor, te recomiendo dejar el molde en la nevera durante una hora para que la mantequilla se endurezca.

En un bol pon todos los ingredientes del relleno y bátelos con la batidora o con el robot de cocina hasta que la mezcla quede cremosa, sin grumos y bien lisa.

Vierte la crema sobre la base de galleta, introduce en el horno precalentado a 200 °C con calor arriba y abajo, y hornea durante 25-35 minutos. Sabrás que está listo cuando veas que el centro está casi cuajado, pero todavía tiembla un poquito al mover el molde.

Enfría a temperatura ambiente. Luego mételo en la nevera y déjalo reposar al menos 4 horas antes de desmoldar.

Cheesecake de pistacho

Sí, lo confieso: yo también he caído en la fiebre del pistacho. Es imposible resistirse a este fruto seco que está más de moda que nunca. Lo que lo hace tan especial es su sabor único, una mezcla sutil entre lo dulce y lo salado. Y esa combinación... ¡me FLI-PA! Si prefieres una versión de avellana, simplemente sustituye los frutos secos y la pasta. ¡Te va a encantar!

BASE DE GALLETA Y PISTACHO:

200 g de galletas maría o similar

50 g de pistachos

100 g de mantequilla

CHEESECAKE:

530 g de queso crema

160 g de azúcar blanco

2 huevos frescos

65 g de harina floja

80 g de pasta de pistacho

105 g de mantequilla sin sal

DECORACIÓN:

200 g de pasta de pistacho

100 g de pistachos

Empieza preparando un molde desmontable de unos 20 cm de diámetro. Forra la base con papel de horno, o utiliza uno normal y cúbrelo con papel de horno.

Tritura bien las galletas y haz lo mismo con los pistachos. Mezcla con la mantequilla derretida. Remueve hasta que se integre todo y reparte la mezcla en el molde. Aplasta con una cuchara para que te quede una base firme y uniforme, y sube un poco de la mezcla por las paredes para que quede como en la foto. Si hace calor, te recomiendo dejar el molde en la nevera durante una hora para que la mantequilla se endurezca.

En un bol pon todos los ingredientes del relleno y bátelos con la batidora o con el robot de cocina hasta que la mezcla quede cremosa, sin grumos y bien lisa, incorpora por último la mantequilla fundida.

Vierte la crema sobre la base de galleta, introduce en el horno precalentado a 200 °C con calor arriba y abajo, y hornea durante 25-35 minutos. Sabrás que está listo cuando veas que el centro está casi cuajado, pero todavía tiembla un poquito al mover el molde.

Enfría a temperatura ambiente. Luego mételo en la nevera y déjalo reposar al menos 4 horas antes de desmoldar.

Decora con pasta de pistacho y trocitos de pistacho.

Cheesecake de Nutella®

Recuerdo cuando tenía mi pastelería en pleno centro de la ciudad, los botes gigantes de Nutella® se vaciaban casi a diario. Era uno de los ingredientes que más deseaban los clientes del Bakery, así que no podía faltar en alguno de los postres de la vitrina. Por supuesto, el cheesecake era uno de ellos. Aquí te dejo mi versión más cremosa y golosa, perfecta para los verdaderos amantes del chocolate y la avellana.

BASE DE OREO® Y KINDER BUENO®:

100 g de Kinder Bueno®

220 g de Oreo®

25 g de mantequilla sin sal

CHEESECAKE:

1 hoja de gelatina

200 g de nata de montar

500 g de queso crema

200 g de Nutella®

DECORACIÓN:

150 g de Nutella®

2 barritas de Kinder Bueno®

Empieza preparando un molde desmontable de unos 20 cm de diámetro. Forra la base con papel de horno, o utiliza uno normal y cúbrelo con papel de horno.

Tritura bien las Oreo® y el Kinder Bueno®. Mezcla con la mantequilla derretida. Remueve hasta que se integre todo y reparte la mezcla en el molde. Aplasta con una cuchara para que te quede una base firme y uniforme. Si hace calor, te recomiendo dejar el molde en la nevera durante una hora para que la mantequilla se endurezca.

Hidrata la hoja de gelatina en agua durante 5 minutos. En un cazo calienta 100 g de nata junto con la gelatina hasta que esta se disuelva completamente.

Por otro lado, monta en la batidora o con unas varillas el resto de la nata junto con el queso crema. Cuando coja cuerpo, incorpora la Nutella® y, por último, la mezcla caliente de nata y gelatina poco a poco.

Dosifica sobre la base de galleta y deja enfriar en la nevera durante 12 horas para que cuaje bien. Finaliza decorando con una capa fina de Nutella® por encima y unos trocitos de Kinder Bueno®.

Cheesecake de Oreo®

«¡Uuuuf!», es lo que soltarás con la primera cucharada de este cheesecake, uno de mis favoritos *ever and ever*. No sé si es por ese toquecito de leche condensada en el relleno o por la base crujiente de galletas Oreo®, cada bocado es pura felicidad. Anímate a hacerlo en casa y entenderás por qué es imposible resistirse.

BASE DE OREO®:

240 g de galleta Oreo®

40 g de mantequilla sin sal

CHEESECAKE:

500 g de queso crema

160 ml de leche condensada

170 g de galleta Oreo®

1 hoja de gelatina

400 g de nata de montar

DECORACIÓN:

150 g de nata de montar

15 g de azúcar blanco

12 galletas Oreo®

Empieza preparando un molde desmontable de unos 20 cm de diámetro. Forra la base con papel de horno, o utiliza uno normal y cúbrelo con papel de horno.

Tritura bien las Oreo® y mezcla con la mantequilla derretida. Remueve hasta que se integre todo y reparte la mezcla en el molde. Aplasta con una cuchara para que te quede una base firme y uniforme. Si hace calor, te recomiendo dejar el molde en la nevera durante una hora para que la mantequilla se endurezca.

Hidrata la hoja de gelatina en agua durante 5 minutos. En un cazo calienta 100 g de nata junto con la gelatina hasta que esta se disuelva completamente.

Por otro lado, monta en la batidora o con unas varillas el resto de la nata junto con el queso crema y la leche condensada. Cuando coja cuerpo, incorpora la mezcla caliente de nata y gelatina poco a poco. Por último, añade las Oreo® trituradas y mezcla bien.

Dosifica sobre la base de galleta y deja enfriar en la nevera durante 12 horas para que cuaje bien.

Para la decoración, monta la nata con el azúcar y dosifica con una manga pastelera alrededor de la tarta. Finaliza decorando con 4 galletas Oreo® trituradas en el centro y otras 8 Oreo® enteras en los bordes.

Cheesecake japonés

¿Sabías que mi luna de miel fue en Japón? Fue uno de los viajes más increíbles de mi vida y una verdadera explosión de sabores y texturas que jamás había probado. Cada plato era una sorpresa, y los postres no se quedaban atrás. Entre ellos descubrí este cheesecake japonés, tan ligero y esponjoso que parece una nube.

60 ml de leche
200 g de queso crema
40 g de mantequilla sin sal
5 huevos frescos
150 g de azúcar blanco
50 g de harina floja
15 g de maicena

Empieza preparando un molde desmontable de unos 20 cm de diámetro. Forra la base con papel de horno, o utiliza uno normal y cúbrelo con papel de horno.

En un bol mezcla la leche con el queso crema y añade la mantequilla fundida. Incorpora las yemas de huevo y remueve hasta obtener una crema uniforme.

En otro recipiente, monta las claras a punto de nieve y añade poco a poco el azúcar hasta conseguir un merengue firme y brillante. Incorpora este merengue a la mezcla inicial con movimientos suaves y envolventes para no perder aire.

Tamiza la harina junto con la maicena directamente sobre la preparación, déjala en forma de lluvia y mezcla con suavidad hasta conseguir una masa homogénea y sin grumos.

Vierte la masa en el molde preparado y colócalo dentro de una bandeja con unos 2 cm de agua caliente para cocer al baño maría. Si utilizas un molde desmoldable, cubre la base y los lados con papel de aluminio para que no se filtre agua. Introdúcelo en el horno precalentado a 120 °C con calor arriba y abajo, y hornea durante 20 minutos.

Pasado ese tiempo, sube la temperatura a 150 °C y hornea 35 minutos más. Después, baja de nuevo a 120 °C y hornea otros 50 minutos.

Por último, apaga el horno y deja la puerta entreabierta 20 minutos para que la tarta se asiente poco a poco y no se agriete.

Deja enfriar completamente antes de desmoldar.

Cheesecake crumble de limón y arándanos

Cuando visité Nueva York (sí, lo has adivinado: amo viajar y el turismo gastronómico, ji, ji), me enamoré de este cheesecake crumble de limón y arándanos. Acompañado de un café bien largo, era la forma perfecta de empezar el día antes de salir a turistear por la ciudad.

BASE DE GALLETA:

250 g de galletas maría o similar

80 g de mantequilla sin sal

COMPOTA DE ARÁNDANOS:

250 g de arándanos frescos

50 ml de zumo de limón

75 g de azúcar blanco

CRUMBLE:

50 g de mantequilla sin sal

50 g de azúcar blanco

150 g de harina floja

1 huevo fresco

CHEESECAKE:

530 g de queso crema

160 g de azúcar blanco

CONTINÚA...

Empieza preparando un molde desmontable de unos 20 cm de diámetro. Forra la base con papel de horno, o utiliza uno normal y cúbrelo con papel de horno.

Tritura bien las galletas hasta que queden hechas polvo y mézclalas con la mantequilla derretida. Remueve hasta que se integre todo y reparte la mezcla en el molde. Aplasta con una cuchara para que te quede una base firme y uniforme. Si hace calor, te recomiendo dejar el molde en la nevera durante una hora para que la mantequilla se endurezca.

Mezcla en un cazo los arándanos junto con el azúcar y el zumo de limón, y remueve durante 6 minutos a fuego medio. Ve chafando los arándanos con el tenedor para formar una compota con tropezones.

Mezcla todos los ingredientes del crumble hasta formar una masa homogénea y reserva.

En un bol pon todos los ingredientes del relleno y bátelos con la batidora o con el robot de cocina hasta que la mezcla quede cremosa, sin grumos y bien lisa, incorpora por último la mantequilla fundida. Vierte la crema sobre la base de galleta. Seguidamente, dosifica la compota de arándanos y mezcla ligeramente

2 huevos frescos
65 g de harina floja
105 g de mantequilla sin sal
la ralladura de 1 limón

con la crema con una cuchara para que quede veteada. Finalmente, dosifica por encima trocitos de la masa de crumble hasta cubrir toda la superficie. Introduce en el horno precalentado a 180 °C con calor arriba y abajo, y hornea durante 30-40 minutos.

Déjalo enfriar a temperatura ambiente. Luego mételo en la nevera y déjalo reposar al menos 4 horas antes de desmoldar.

Cheesecake clásico semifrío

Clásico de clásicos, y probablemente una de mis primeras creaciones cuando era peque, de esas que hacíamos con los típicos postres preparados del súper. ¿Quién no ha hecho alguna vez una de esas tartas frías y se ha pasado horas mirando la nevera, esperando a probarla? ¡Culpable! Hoy te animo a hacer la receta casera, que es simplemente perfecta.

BASE DE GALLETA:

200 g de galletas maría

50 g de mantequilla sin sal

CHEESECAKE:

1 hoja de gelatina

45 ml de agua

el zumo de ½ limón

240 g de nata de montar

500 g de queso crema

200 g de azúcar blanco

COMPOTA DE FRAMBUESAS:

250 g de frambuesas frescas

50 ml de zumo de limón

75 g de azúcar blanco

Empieza preparando un molde desmontable de unos 20 cm de diámetro. Forra la base con papel de horno, o utiliza uno normal y cúbrelo con papel de horno.

Tritura bien las galletas hasta que queden hechas polvo y mézclalas con la mantequilla derretida. Remueve hasta que se integre todo y reparte la mezcla en el molde. Aplasta con una cuchara para que te quede una base firme y uniforme. Si hace calor, te recomiendo dejar el molde en la nevera durante una hora para que la mantequilla se endurezca.

Hidrata la hoja de gelatina en agua durante 5 minutos. En un cazo calienta el agua junto con la gelatina escurrida y el zumo de limón hasta que esta se disuelva completamente.

Por otro lado, monta en la batidora o con unas varillas la nata junto con el queso crema y el azúcar. Cuando coja cuerpo, incorpora la mezcla caliente de gelatina poco a poco.

Dosifica sobre la base de galleta y deja enfriar en la nevera unas 12 horas hasta que cuaje.

Mezcla en un cazo la frambuesa junto con el azúcar y el zumo de limón, y remueve durante 10 minutos a fuego medio. Ve chafando las frambuesas con el tenedor para formar una compota con tropezones.

Una vez haya cuajado la tarta, desmolda pasando un cuchillo por el exterior para despegar las paredes del molde.

Decora con la compota de frambuesa y frutos rojos si te apetece.

Cheesecake crumble de manzana

Las galletas Lotus® en combinación con las manzanas caramelizadas y el suave sabor del queso crema son simplemente el *perfect match*. Esta tarta de queso tiene ese punto de notas ácidas, caramelo y tostado que es una maravilla. Y, si no me crees, pruébala.

BASE DE GALLETA LOTUS®:

250 g de galleta Lotus®

55 g de mantequilla fundida

MANZANA CARAMELIZADA:

3 manzanas tipo golden

100 g de mantequilla sin sal

50 g de azúcar blanco

CRUMBLE:

50 g de mantequilla sin sal

50 g de azúcar blanco

150 g de harina floja

1 huevo fresco

CHEESECAKE:

530 g de queso crema

160 g de azúcar blanco

CONTINÚA...

Empieza preparando un molde desmontable de unos 20 cm de diámetro. Forra la base con papel de horno, o utiliza uno normal y cúbrelo con papel de horno.

Tritura bien las galletas hasta que queden hechas polvo y mézclalas con la mantequilla derretida. Remueve hasta que se integre todo y reparte la mezcla en el molde. Aplasta con una cuchara para que te quede una base firme y uniforme. Si hace calor, te recomiendo dejar el molde en la nevera durante una hora para que la mantequilla se endurezca.

Corta la manzana a dados y saltea en una sartén junto con la mantequilla. Añade el azúcar y continúa removiendo hasta caramelizarla.

Mezcla todos los ingredientes del crumble hasta formar una masa homogénea y reserva.

En un bol pon todos los ingredientes del relleno y bátelos con la batidora o con el robot de cocina hasta que la mezcla quede cremosa, sin grumos y bien lisa. Incorpora por último la mantequilla fundida. Vierte la crema sobre la base de galleta. Luego reparte la manzana caramelizada por encima. Finalmente, dosifica por encima trocitos de la masa de crumble hasta cubrir

2 huevos frescos
65 g de harina floja
105 g de mantequilla sin sal

toda la superficie. Introduce en el horno precalentado a 200 °C con calor arriba y abajo, y hornea durante 30-40 minutos.

Déjalo enfriar a temperatura ambiente. Luego mételo en la nevera y déjalo reposar al menos 4 horas antes de desmoldar.

Tiramisú

Prepara tus maletas porque tienes un vuelo con destino a... ¡ROMA!

¡Espera!, que para probar el mejor tiramisú no tienes que moverte de casa, solo debes conseguir unos buenos ingredientes y hacerte con un termómetro de cocina. Para hacer la crema perfecta deberás controlar la temperatura correctamente.

Además, si vas a hacer el tiramisú de limoncello con merengue italiano, el termómetro es aún más necesario, ya que esta preparación requiere alcanzar una temperatura muy precisa para que el resultado sea todo un éxito.

Y, por último, la clave de un buen tiramisú está en utilizar unos buenos bizcochos savoiardi, así que, si son caseros, mucho mejor. Para todos los tiramisú de este libro, utilizaremos la receta original, que te dejo a continuación. Este paso es opcional, ya que también puedes utilizar los clásicos *lady fingers* (los bizcochos de soletilla) que encontrarás fácilmente en cualquier supermercado. Pero, si te animas, ¡aquí tienes la receta!

Bizcochos *savoiardi*

3 huevos (claras y yemas separadas)
90 g de azúcar blanco (dividido en dos partes)
75 g de harina floja (tamizada)
azúcar glas para espolvorear

Bate las claras con 45 g de azúcar hasta conseguir un merengue firme y brillante. En otro bol bate las yemas con los 45 g de azúcar restantes hasta que doblen su volumen y se vuelvan espumosas. Incorpora entonces las yemas al merengue con movimientos suaves y envolventes para mantener la ligereza de la mezcla.

Tamiza la harina directamente sobre la preparación e intégrala con cuidado hasta obtener una masa homogénea y aireada. Coloca la mezcla en una manga pastelera con boquilla lisa y forma bastones de 8-10 cm sobre una bandeja cubierta con papel de horno.

Espolvorea los bizcochos con azúcar glas, espera un minuto y vuelve a espolvorear para crear una superficie crujiente. Introduce en el horno precalentado a 180 °C con calor arriba y abajo, y hornea durante 10-12 minutos, hasta que adquieran un ligero tono dorado.

Deja enfriar los bizcochos sobre una rejilla antes de utilizarlos en la preparación del tiramisú.

Tiramisú clásico

Hace poco abrí un melón en uno de mis vídeos cuando pregunté si la receta original de tiramisú lleva claras montadas o no las lleva. La conclusión a la que llegué es que en cada casa italiana la receta se prepara de una manera diferente, ¡igual que las croquetas o la tortilla de patatas en España! Yo he probado las dos versiones, y me quedo con la receta que solo lleva las yemas. Me encanta la textura cremosa y el saborcito pronunciado a huevo de la crema. Y tú, ¿qué versión prefieres?

CREMA DE TIRAMISÚ:

3 yemas de huevo fresco

90 g de azúcar blanco

250 g de queso mascarpone

BIZCOCHOS:

bizcochos Savoiardi (receta en la página 39)

200 ml de café expreso

1 chorrito de amaretto, Marsala o ron oscuro (opcional)

DECORACIÓN:

cacao puro en polvo

En un bol bate las yemas con el azúcar al baño maría hasta que la mezcla llegue a 60 °C. Debe quedar muy cremosa y duplicar su volumen. Incorpora el mascarpone frío poco a poco, mezclando hasta obtener una crema lisa y sin grumos.

Por otro lado, prepara un café expreso intenso y deja que se enfríe. Si lo deseas, añade un chorrito de licor tipo amaretto o Marsala. Pasa los savoiardi por el café 1-2 segundos por cada lado. Deben quedar húmedos, pero no empapados.

Coloca en una fuente de cristal o aluminio una capa de bizcochos en la base, cúbrela con la crema, repite con otra capa de bizcochos y finaliza con más crema.

Reserva en la nevera un mínimo de 6 horas. Lo ideal es preparar el tiramisú el día anterior para que los sabores se fundan.

Justo antes de servir, tamiza cacao puro por encima para un acabado limpio y elegante.

Tiramisú de Kinder®

La clave de este tiramisú está en añadir Kinder Bueno® triturado a la crema clásica, algo tan sencillo y tan delicioso al mismo tiempo. Este es solo un ejemplo, pero piensa en todos los sabores que puedes añadir a la crema para darle tu toque. Incluso puedes bañar los savoiardi en otro líquido que no sea café o licor, como, por ejemplo, leche con cacao.

CREMA DE TIRAMISÚ:

3 yemas de huevo fresco

90 g de azúcar blanco

250 g de queso mascarpone

8 barritas de Kinder Bueno®

BIZCOCHOS:

bizcochos savoiardi (receta en la página 39)

200 ml de café expreso

1 chorrito de amaretto, Marsala o ron oscuro (opcional)

DECORACIÓN:

3 barritas de Kinder Bueno®

En un bol bate las yemas con el azúcar al baño maría hasta que la mezcla llegue a 60 °C. Debe quedar muy cremosa y duplicar su volumen. Incorpora el mascarpone frío poco a poco, mezclando hasta obtener una crema lisa y sin grumos. Tritura las barritas de Kinder Bueno® e incorpóralas en la mezcla.

Por otro lado, prepara un café expreso intenso y deja que se enfríe. Si lo deseas, añade un chorrito de licor tipo amaretto o Marsala. Pasa los savoiardi por el café 1 o 2 segundos por cada lado. Deben quedar húmedos, pero no empapados.

Coloca en una fuente de cristal o aluminio una capa de bizcochos en la base, cúbrela con la crema, repite con otra capa de bizcochos y finaliza con más crema.

Reserva en la nevera un mínimo de 6 horas. Lo ideal es preparar el tiramisú el día anterior para que los sabores se fundan.

Coloca unos trocitos de Kinder Bueno® por encima para decorar.

Tiramisú de limoncello

Esta es una versión del tiramisú muy refrescante y diferente. La gracia está en el almíbar de limoncello con el que bañaremos los bizcochos y en el merengue italiano con el que decoraremos. Un postre cremoso y cítrico para una comida especial.

CREMA DE TIRAMISÚ:

3 yemas de huevo fresco

90 g de azúcar blanco

250 g de queso mascarpone

ALMÍBAR DE LIMONCELLO:

150 ml de agua

80 g de azúcar blanco

60 ml de limoncello

el zumo de 1 limón

BIZCOCHOS:

bizcochos savoiardi (receta en la página 39)

MERENGUE ITALIANO:

100 g de claras de huevo

200 g de azúcar blanco

60 ml de agua

En un bol bate las yemas con el azúcar al baño maría hasta que la mezcla llegue a 60 °C. Debe quedar muy cremosa y duplicar su volumen. Incorpora el mascarpone frío poco a poco, mezclando hasta obtener una crema lisa y sin grumos.

Para el almíbar calienta en un cazo el agua con el azúcar hasta que se disuelva por completo. Retira del fuego y deja que se atempere. Añade el limoncello y el zumo de limón, mezclando bien. Deja enfriar antes de utilizar.

Pasa los savoiardi por el almíbar 1-2 segundos por cada lado. Deben quedar húmedos, pero no empapados.

Coloca en una fuente de cristal o aluminio una capa de bizcochos en la base, cúbrela con la crema, repite con otra capa de bizcochos y finaliza con más crema.

Prepara el merengue italiano montando las claras en la batidora. Al mismo tiempo, calienta el agua con el azúcar y lleva la mezcla a 121 °C. En ese punto, viértela en hilo fino sobre las claras y sigue montando hasta obtener un merengue firme. Ponlo en una manga pastelera con boquilla Saint-Honoré y dosifica sobre el tiramisú. Carameliza la superficie utilizando un soplete.

Reserva en la nevera un mínimo de 6 horas. Lo ideal es preparar el tiramisú el día anterior para que los sabores se fundan.

Tiramisú de té matcha

Y para terminar el capítulo de tiramisú, aquí va una versión con la bebida más trendy de estos días, ¡el matcha-latte! Empapa bien tus savoiardi y, si te gusta la intensidad del matcha, incorpora un poco de té en polvo en la crema de tiramisú.

CREMA DE TIRAMISÚ:

3 yemas de huevo fresco

90 g de azúcar blanco

250 g de queso mascarpone

MATCHA-LATTE:

60 ml de agua caliente

1 cucharadita de té matcha en polvo

200 ml de leche

BIZCOCHOS:

bizcochos savoiardi (receta en la página 39)

DECORACIÓN:

té matcha en polvo

En un bol bate las yemas con el azúcar al baño maría hasta que la mezcla llegue a 60 °C. Debe quedar muy cremosa y duplicar su volumen. Incorpora el mascarpone frío poco a poco, mezclando hasta obtener una crema lisa y sin grumos.

Prepara el matcha-latte mezclando el agua caliente con el té matcha; puedes utilizar un batidor eléctrico para que quede bien disuelto. Añade la leche caliente poco a poco y mezcla hasta que no queden grumos. Deja enfriar antes de usar.

Pasa los savoiardi por el matcha-latte 1 o 2 segundos por cada lado. Deben quedar húmedos, pero no empapados.

Coloca en una fuente de cristal o un plato una capa de bizcochos en la base, cúbrela con la crema y espolvorea té matcha. Repite con otra capa de bizcochos y finaliza con más crema.

Deja en la nevera un mínimo de 6 horas. Lo ideal es preparar el tiramisú el día anterior para que los sabores se fundan.

Antes de servir, espolvorea un poco más de té matcha por encima. Puedes ayudarte de un tamiz o colador fino para conseguir un acabado uniforme.

Tartas

Este es para mí uno de los capítulos más importantes del libro, con mis recetas más emblemáticas de Bakery by Noelia. Estas tartas son la razón por la que me dedico a este mundo. Empezando por el lemon pie que es una auténtica locura, pasando por la tarta de Oreo® o la red velvet, que es lo que más suelen pedirme en mi pastelería, o la pavlova, que es una básica que no puede faltar en mi carta de Navidad. Estas y algunas más se van a convertir en tus recetas imprescindibles para las ocasiones más especiales. ¿Por cuál vas a empezar?

Lemon pie

Me encanta romantizar momentos pasteleros, y el de ir a mi frutería de confianza a comprar los limones más grandes y frescos que tengan para preparar un lemon pie es uno de ellos. ¡Sí, lo digo!

BASE DE GALLETA:

200 g de galletas Digestive® o similar

80 g de mantequilla sin sal

CREMA DE LIMÓN:

1 hoja de gelatina

3 huevos frescos

2 yemas de huevo

120 g de azúcar blanco

10 g de maicena

una pizca de sal

150 ml de zumo de limón

la ralladura de 1 limón

100 g de mantequilla sin sal

MERENGUE ITALIANO:

100 g de claras de huevo

200 g de azúcar blanco

60 ml de agua

Empieza preparando un molde de tartaleta de unos 20 cm de diámetro. Úntalo con espray desmoldante o mantequilla para evitar que la base de galleta se pegue.

Tritura bien las galletas hasta obtener un polvo fino y mézclalo con la mantequilla derretida. Remueve hasta que se integre todo y reparte la mezcla en el molde. Aplasta con una cuchara para que quede una base firme y uniforme. Si hace calor, te recomiendo dejar el molde en la nevera durante una hora para que la mantequilla se endurezca.

Hidrata la hoja de gelatina en agua durante 5 minutos y resérvala escurrida. En un cazo a fuego medio introduce los huevos, las yemas, el azúcar, la maicena, la pizca de sal, el zumo y la ralladura de limón. Remueve constantemente hasta que la mezcla espese y se convierta en una crema pastelera. Retira del fuego, escurre la gelatina y añádela a la mezcla caliente, removiendo hasta que se disuelva por completo. Incorpora la mantequilla en dados y emulsiona con varillas o con una batidora de mano hasta que la crema quede sedosa y brillante. Vierte esta preparación sobre la base de galleta, alisa la superficie y deja reposar en la nevera al menos 4 horas, aunque lo ideal es dejarla toda la noche, y desmolda.

Prepara el merengue italiano montando las claras en la batidora. Al mismo tiempo, calienta el agua con el azúcar y lleva la mezcla a 121 °C. En ese punto, viértela en hilo fino sobre las claras y sigue montando hasta obtener un merengue firme. Pásalo a una manga pastelera con boquilla rizada y distribúyelo sobre la superficie de la tarta formando picos o rosetones. Carameliza la superficie utilizando un soplete o dejándola unos minutos en el horno con el grill.

Decora con ralladura de limón o rodajas de limón finitas.

Pecan pie

En mi top 3 de frutos secos están las nueces pecanas, que acompañan en el podio al pistacho y a la avellana. Estas nueces son dulcecitas y saladitas a la vez, y en combinación con el azúcar moreno y el sirope de arce quedan espectaculares para el relleno de esta tarta.

MASA DE GALLETA:

300 g de harina floja
150 g de azúcar blanco
una pizca de sal
150 g de mantequilla sin sal
2 huevos frescos

RELLENO:

4 huevos
50 g de mantequilla sin sal
175 g de sirope de arce
85 g de azúcar moreno
200 g de nueces pecanas

DECORACIÓN:

150 g de nueces pecanas

Empieza preparando un molde de tartaleta de unos 20 cm de diámetro. Úntalo con espray desmoldante o mantequilla para evitar que la masa se pegue.

En un bol mezcla la harina con el azúcar y la sal, añade la mantequilla fría en cubos y trabaja la mezcla a mano o con un robot de cocina hasta obtener una textura arenosa. Incorpora los huevos y amasa suavemente lo justo para conseguir una masa homogénea. Forma una bola, cúbrela con papel film y déjala reposar en la nevera durante media hora.

Pasado el tiempo de reposo, estira la masa con un rodillo hasta lograr una lámina redonda de tres o cuatro milímetros de grosor. Forra con ella el molde, ajustando bien los bordes, y recorta el exceso. Pincha la base con un tenedor, cúbrela con papel de horno y coloca encima garbanzos secos o bolitas de cerámica para evitar que suba durante la cocción.

Introduce en el horno precalentado a 180 °C con calor arriba y abajo, y hornea durante unos 12 minutos. Retira los pesos y el papel, y devuelve al horno 5 minutos más para terminar de precocer la base.

Mientras tanto, bate los huevos en un bol grande y resérvalos. En un cazo a fuego bajo funde la mantequilla y mézclala con el sirope de arce y el azúcar moreno, removiendo hasta que se integren sin dejar que llegue a hervir. Deja que la mezcla se temple un poco antes de verterla sobre los huevos batidos, removiendo constantemente para que no se cuajen. Añade las nueces pecanas troceadas y reparte el relleno sobre la base precocida, decorando la superficie con nueces enteras.

Hornea a 170 °C durante 35-40 minutos. Sabrás que está listo cuando veas que el centro está casi cuajado, pero todavía tiembla un poquito al mover el molde. Deja enfriar a temperatura ambiente antes de desmoldar.

Tarta banoffee

En mi primer libro *Oh, my cookie!* ya conté cuál era mi postre favorito de un restaurante de ramen en Barcelona. Y me reafirmo en mis palabras: terminar un buen plato japonés con una tarta banoffee es sencillamente maravilloso. Quizá sea porque adoro la combinación de cacahuete, dulce de leche y plátano, o por ese toque final de nata, tan suave y agradable. Sea como sea... ¡LA AMO!

BASE DE GALLETA Y CACAHUETE:

270 g de galletas Lotus® o similar

80 g de cacahuetes

120 g de mantequilla sin sal

RELLENO:

400 g de dulce de leche

3 plátanos

NATA:

250 g de nata de montar

25 g de azúcar blanco

1 tableta de chocolate

Empieza preparando un molde de tartaleta de unos 20 cm de diámetro. Úntalo con espray desmoldante o mantequilla para evitar que la base de galleta se pegue.

Tritura bien las galletas y los cacahuetes hasta obtener un polvo fino y mézclalo con la mantequilla derretida. Remueve hasta que se integre todo y dosifica la mezcla en el molde. Aplasta con una cuchara para que quede una base firme y uniforme. Si hace calor, te recomiendo dejar el molde en la nevera durante una hora para que la mantequilla se endurezca.

Extiende el dulce de leche sobre la base de galleta ya fría. Si está demasiado espeso, caliéntalo unos segundos en el microondas para que sea más fácil de untar. Pela y corta los plátanos en rodajas y repártelos sobre el dulce de leche, cubriendo bien toda la superficie. Desmolda la tarta antes de añadir la nata.

Monta la nata con el azúcar en la batidora y cubre la tarta utilizando una espátula o una manga pastelera. Para finalizar, añade chocolate rallado sobre la nata. También puedes usar cacao en polvo o virutas de chocolate.

Refrigera la tarta al menos 1 hora antes de servir para que coja cuerpo.

Tarta muerte por chocolate

3 millones de reproducciones... 239.000 likes... ¡Aún no me lo creo! La mítica tarta de chocolate de Matilda que subí a Instagram rompió todos los récords. Y es que ¿quién podría resistirse a una tarta de tres pisos, cubierta con una espectacular *ganache* de chocolate negro y dulce de leche? Jugosa, golosa, brillante y con ese acabado perfectamente imperfecto que la hace irresistible.

BIZCOCHO DE CACAO:

225 ml de leche

3 ml de vinagre blanco

120 g de huevo

325 g de azúcar blanco

120 ml de aceite de girasol

300 g de harina floja

40 g de cacao puro en polvo

2 g de sal

4 g de bicarbonato

3 ml de vinagre blanco

GANACHE DE CHOCOLATE NEGRO Y DULCE DE LECHE:

500 g de nata de montar

500 g de chocolate negro de repostería

CONTINÚA...

Empieza preparando tres moldes desmontables de unos 20 cm de diámetro. Forra la base con papel de horno para evitar que la tarta se pegue y facilitar el desmoldado. Si no dispones de molde desmontable, utiliza uno normal y cúbrelo entero con papel de horno, o bien úntalo con mantequilla y harina. En el caso de no tener tres moldes, puedes hacerlo en uno solo, ajustando el tiempo de cocción para que se haga bien por dentro, luego tendrás que cortar tres capas de bizcocho.

En un vaso mezcla la leche con el primer vinagre y deja reposar durante 10 minutos. La acidez hará que la leche se corte ligeramente, formando un sustituto de *buttermilk* que aportará jugosidad y esponjosidad al bizcocho.

En un bol bate el huevo con el azúcar hasta que la mezcla blanquee y doble su volumen. Añade el aceite poco a poco en forma de hilo para que emulsione bien. Incorpora la leche con vinagre y mezcla hasta integrar por completo.

Tamiza la harina, el cacao y la sal. Agrega la mezcla seca poco a poco al bol, utilizando una espátula y realizando movimientos suaves y envolventes.

75 g de mantequilla sin sal
500 g de dulce de leche

En un vaso mezcla el bicarbonato con el segundo vinagre y, cuando empiece a burbujear, añádelo de inmediato a la masa.

Reparte la mezcla en los tres moldes, introduce en el horno precalentado a 180 °C con calor arriba y abajo, y hornea durante 20-30 minutos, o hasta que al pinchar con un palillo este salga limpio. Puedes hornearlos uno a uno si no tienes espacio. Deja reposar los bizcochos en el molde durante 10 minutos, luego desmóldalos y déjalos enfriar completamente sobre una rejilla.

Recorta la superficie con un cuchillo de sierra para alisar el bizcocho lo máximo posible.

Para la *ganache*, coloca el chocolate troceado y el dulce de leche en un bol. Calienta la nata en un cazo hasta justo antes de que hierva, retírala del fuego y viértela sobre el chocolate y el dulce de leche. Remueve enérgicamente hasta que se funda por completo, añade la mantequilla y sigue mezclando hasta obtener una crema brillante y sedosa. Deja reposar a temperatura ambiente hasta que adquiera una textura cremosa y untuosa.

Coloca la primera capa de bizcocho en una base o en un plato y cubre con una fina capa de *ganache*. Repite el proceso con las siguientes capas hasta terminar con el tercer bizcocho.

Por último, cubre toda la tarta con una capa muy fina de *ganache*, refrigérala durante 20 minutos y termina con una segunda capa, dejándola con una textura irregular para un acabado más rústico.

Tarta Oreo®

Lo vuestro con las galletas Oreo® no es amor... ¡es pura obsesión! Las queréis en cookies, cheesecakes, helados, pasteles de números y hasta en batidos. Y no os culpo, porque a mí también me vuelven loca. Esta vez las vamos a usar para preparar la tarta básica que todo amante de las Oreo® debe saber hacer. ¡Éxito garantizado!

BIZCOCHO DE CACAO:

- 225 ml de leche
- 3 ml de vinagre blanco
- 120 g de huevo
- 325 g de azúcar blanco
- 120 ml de aceite de girasol
- 300 g de harina floja
- 20 g de cacao puro en polvo
- 4 g de bicarbonato
- 3 ml de vinagre blanco
- 100 g de galletas Oreo®

CREMA DE QUESO Y OREO®:

- 200 g de mantequilla sin sal
- 320 g de azúcar lustre
- 480 g de queso crema
- 8 galletas Oreo®

Empieza preparando tres moldes desmontables de unos 15 cm de diámetro. Forra la base con papel de horno para evitar que la tarta se pegue y facilitar el desmoldado. Si no dispones de molde desmontable, utiliza uno normal y cúbrelo entero con papel de horno, o bien úntalo con mantequilla y harina. En el caso de no tener tres moldes, puedes hacerlo en uno solo, ajustando el tiempo de cocción para que se haga bien por dentro, luego tendrás que cortar tres capas de bizcocho.

En un vaso mezcla la leche con el primer vinagre y deja reposar durante 10 minutos. La acidez hará que la leche se corte ligeramente, formando un sustituto de *buttermilk* que aportará jugosidad y esponjosidad al bizcocho.

En un bol bate el huevo con el azúcar hasta que la mezcla blanquee y doble su volumen. Añade el aceite poco a poco en forma de hilo para que emulsione bien. Incorpora la leche con el primer vinagre y mezcla hasta integrar por completo.

Tamiza la harina, el cacao y la sal. Agrega la mezcla seca poco a poco al bol, utilizando una espátula y realizando movimientos suaves y envolventes.

En un vaso mezcla el bicarbonato con el segundo vinagre y, cuando empiece a burbujear, añádelo de inmediato a la masa.

Tritura las galletas Oreo® e incorpóralas a la masa de manera uniforme.

Reparte la mezcla en los tres moldes, introduce en el horno precalentado a 170 °C con calor arriba y abajo, y hornea durante 30-35 minutos, o hasta que al pinchar con un palillo este salga limpio. Puedes hornearlos uno a uno si no tienes espacio. Deja reposar los bizcochos en el molde durante 10 minutos, luego desmóldalos y déjalos enfriar completamente sobre una rejilla.

Recorta la superficie con un cuchillo de sierra para alisar el bizcocho lo máximo posible.

Para la crema de queso, bate la mantequilla pomada (ni fría de nevera ni derretida) con el azúcar lustre. Incorpora el queso crema frío en varias tandas y continúa batiendo a mano o en la batidora a baja velocidad hasta que la mezcla sea homogénea y firme. Añade las galletas Oreo® trituradas y mezcla suavemente para que queden trocitos visibles.

Coloca la primera capa de bizcocho en una base o en un plato y cubre con una fina capa de crema de queso. Repite el proceso con las siguientes capas hasta terminar con el tercer bizcocho. Cubre la superficie con más crema y finalmente dosifica con una manga con boquilla rizada haciendo rosetones. Decora con galletas Oreo®.

Tarta red velvet

Suave y aterciopelada, la tarta red velvet levanta pasiones allá donde aparece. Su color rojo intenso atrae a primera vista, pero su encanto real está en la miga del bizcocho: ese puntito ácido del vinagre con el toque amargo del cacao. Todo ello equilibrado con la crema de queso que le da la armonía perfecta. Una tarta ideal para los momentos más románticos.

BIZCOCHO DE RED VELVET:

- 225 ml de leche
- 3 ml de vinagre blanco
- 120 g de huevo
- 325 g de azúcar blanco
- 120 ml de aceite de girasol
- 10 g de colorante rojo alimentario
- 300 g de harina floja
- 20 g de cacao puro en polvo
- 4 g de bicarbonato
- 3 ml de vinagre blanco

CREMA DE QUESO:

- 200 g de mantequilla sin sal
- 320 g de azúcar lustre
- 480 g de queso crema

Empieza preparando tres moldes desmontables de unos 20 cm de diámetro. Forra la base con papel de horno para evitar que la tarta se pegue y facilitar el desmoldado. Si no dispones de molde desmontable, utiliza uno normal y cúbrelo entero con papel de horno, o bien úntalo con mantequilla y harina. En el caso de no tener tres moldes, puedes hacerlo en uno solo, ajustando el tiempo de cocción para que se haga bien por dentro, luego tendrás que cortar tres capas de bizcocho.

En un vaso mezcla la leche con el primer vinagre y deja reposar durante 10 minutos. La acidez hará que la leche se corte ligeramente, formando un sustituto de *buttermilk* que aportará jugosidad y esponjosidad al bizcocho. Además, también le dará el toque ácido típico del red velvet.

En un bol bate el huevo con el azúcar hasta que la mezcla blanquee y doble su volumen. Añade el aceite poco a poco en forma de hilo para que emulsione bien. Agrega el colorante rojo y mezcla bien hasta conseguir un tono uniforme. El color debe quedar intenso, ya que al hornear siempre baja un poco. Incorpora la leche con vinagre y mezcla hasta integrar por completo.

Tamiza la harina y el cacao. Agrega la mezcla seca poco a poco al bol, utilizando una espátula y realizando movimientos suaves y envolventes.

En un vaso mezcla el bicarbonato con el segundo vinagre y, cuando empiece a burbujear, añádelo de inmediato a la masa.

Reparte la mezcla en los tres moldes, introduce en el horno precalentado a 170 °C con calor arriba y abajo, y hornea durante 20-30 minutos, o hasta que al pinchar con un palillo este salga limpio. Puedes hornearlos uno a uno si no tienes espacio. Deja reposar los bizcochos en el molde durante 10 minutos, luego desmóldalos y déjalos enfriar completamente sobre una rejilla.

Recorta la superficie con un cuchillo de sierra para alisar el bizcocho lo máximo posible y reserva el sobrante para la decoración.

Bate la mantequilla pomada con el azúcar lustre hasta que quede cremosa. Incorpora el queso crema frío en varias tandas y bate a velocidad baja hasta que la mezcla sea homogénea y firme sin batir demasiado.

Coloca la primera capa de bizcocho en una base o en un plato y cubre con una capa de crema de queso. Repite el proceso con las siguientes capas hasta terminar con el tercer bizcocho. Cubre toda la tarta con más crema con la ayuda de una espátula creando líneas. Finalmente decora con migas de bizcocho o frutos rojos.

Tarta sacher

Esta tarta no necesita filtros, brilla con luz propia. Puede parecer un clásico, pero ya sabéis que todo lo bueno vuelve, y la sacher volverá una y otra vez para recordarnos lo bien que le quedan las frutas como el melocotón o el albaricoque al chocolate negro intenso. Un *mix & match* elegante, perfecto para las ocasiones más especiales o para darte un capricho.

BIZCOCHO SACHER:

200 g de chocolate negro

150 g de mantequilla sin sal

150 g de azúcar lustre

6 huevos frescos (yemas y claras por separado)

una pizca de sal

150 g de azúcar blanco

150 g de harina floja

MERMELADA DE MELOCOTÓN:

(también puedes usar albaricoques)

500 g de melocotón maduro (pelado y deshuesado)

200 g de azúcar blanco

la ralladura y el zumo de 1 limón

CONTINÚA...

Empieza preparando un molde desmontable de unos 22 cm de diámetro. Forra la base con papel de horno para evitar que la tarta se pegue y facilitar el desmoldado. Si no dispones de molde desmontable, utiliza uno normal y cúbrelo entero con papel de horno, o bien úntalo con mantequilla y harina.

Funde el chocolate negro al baño maría o en el microondas en intervalos muy cortos para evitar que se queme. Deja atemperar a temperatura ambiente, pero no demasiado tiempo para que no cristalice.

Continúa batiendo la mantequilla pomada con el azúcar lustre hasta que quede cremosa y blanquecina. Añade las yemas una a una batiendo tras cada incorporación, e inmediatamente después incorpora el chocolate fundido y continúa mezclando.

Por otro lado, empieza a montar las claras con la sal; cuando empiecen a espumar, añade el azúcar poco a poco hasta lograr un merengue firme.

Incorpora un tercio del merengue a la mezcla anterior, luego añade el resto suavemente con movimientos envolventes. Por último, tamiza la harina y añádela poco a poco, con cuidado de no bajar la mezcla.

COBERTURA DE GLASEADO BRILLANTE:

200 g de chocolate negro de repostería

200 g de nata de montar

50 g de mantequilla sin sal

DECORACIÓN:

chocolate blanco

Vierte la mezcla en el molde, introduce en el horno precalentado a 170 °C con calor arriba y abajo, y hornea durante 40-45 minutos, o hasta que al pinchar con un palillo este salga limpio. Deja reposar el bizcocho en el molde durante 10 minutos, luego desmóldalo y déjalo enfriar completamente sobre una rejilla.

Mezcla el melocotón con el azúcar, el zumo y la ralladura de limón, y deja reposar un mínimo de 30 minutos (mejor 2 o 3 horas); así conseguirás que la fruta suelte todo su jugo y sabor. Transcurrido el tiempo, calienta la mezcla en un cazo amplio y cocina a fuego medio durante unos 30 minutos, removiendo de vez en cuando para que no se pegue. El objetivo es conseguir una textura espesa de mermelada. Deja enfriar antes de usar.

Coloca la primera capa de bizcocho en una base o en un plato y cubre con una capa generosa de mermelada de melocotón. Tapa con la otra capa de bizcocho y unta una capa fina de mermelada por todo el exterior. Esto ayudará a conservar la humedad del bizcocho y a dar más brillo bajo el glaseado.

Para el glaseado, coloca el chocolate troceado en un bol. Calienta la nata en un cazo hasta justo antes de que hierva, retírala del fuego y viértela sobre el chocolate. Remueve enérgicamente hasta que se funda por completo, añade la mantequilla y sigue mezclando hasta obtener una crema brillante y sedosa. Deja reposar a temperatura ambiente unos minutos.

Coloca la tarta sobre una rejilla con una bandeja debajo y vierte el glaseado desde el centro, dejando que cubra todo el pastel de forma uniforme, alisa suavemente con una espátula si hace falta.

Una vez la tarta esté fría, escribe la palabra *sacher* utilizando una manga muy fina con chocolate blanco.

Tarta tres leches

Mi primera tarta tres leches la probé en un restaurante mexicano, después de comer unos ricos tacos y de tomar unas micheladas. Aquel bizcocho ligero empapado en un líquido dulce y superlacteado me supo a gloria bendita después de una gran dosis de picante. Un postre con origen latinoamericano que tienes que probar sí o sí.

BIZCOCHO DE VAINILLA:

5 huevos frescos (claras y yemas por separado)

una pizca de sal

150 g de azúcar blanco

5 g de esencia de vainilla

150 g de harina floja

TRES LECHES:

200 g de leche condensada

200 g de leche evaporada

200 g de nata de montar (o crema de leche)

COBERTURA:

300 g de nata de montar

30 g de azúcar blanco

canela en polvo al gusto

Prepara un molde de 20 × 20 cm y cúbrelo entero con papel de horno, o úntalo con mantequilla y harina.

Con una batidora eléctrica, bate las claras con la sal hasta que estén espumosas. Añade la mitad del azúcar poco a poco y continúa batiendo hasta obtener un merengue firme y brillante.

En otro bol bate las yemas con la otra mitad del azúcar y la vainilla hasta que la mezcla blanquee. Después, incorpora las yemas batidas al merengue anterior, siempre con movimientos envolventes y utilizando una espátula para que el merengue no pierda aire.

Tamiza la harina y añádela en tres tandas sobre la mezcla, hasta que quede bien integrada. El secreto para que el bizcocho quede muy aireado está en hacerlo poco a poco y sin sobremezclar.

Vierte la masa en el molde, alisa la superficie y hornea en el horno precalentado a 170 °C con calor arriba y abajo durante 30-35 minutos, o hasta que al pinchar con un palillo este salga limpio. Deja reposar el bizcocho en el molde durante 10 minutos, desmóldalo y enfríalo completamente sobre una rejilla. Después, pásalo a una fuente, ya que luego se empapará con las tres leches.

Mezcla en un bol la leche condensada, la leche evaporada y la nata. Con un tenedor, haz pequeños agujeros en la superficie del bizcocho y vierte poco a poco la mezcla de tres leches para que se absorba bien. Refrigera al menos 4 horas o mejor durante toda la noche.

Monta la nata en la batidora con el azúcar, pásala a una manga pastelera con boquilla redonda y decora la tarta a tu gusto. Termina con un poco de canela espolvoreada por encima.

Tarta pavlova

Los ingredientes de esta tarta son mínimos y a primera vista pensarás que es superfácil de hacer. Y sí, lo es…, pero hay un paso que te va a costar más que ningún otro: ESPERAR. La pavlova necesita 90 minutos de horneado a baja temperatura (más un buen rato de reposo) para lograr la textura perfecta: interior jugoso y una fina capa de merengue crujiente que hace crac al partirla. Decórala con frutos rojos, o atrévete con mango y fruta de la pasión para un *twist* tropical.

MERENGUE:

100 g de claras de huevo

165 g de azúcar blanco

10 g de maicena

5 ml de vinagre de manzana

DECORACIÓN:

300 g de nata de montar

30 g de azúcar blanco

200 g de frutos rojos

Prepara una bandeja con papel de hornear y dibuja sobre ella un círculo de unos 20 cm de diámetro como guía.

Pon a montar las claras en una batidora y, cuando empiecen a formar espuma, añade el azúcar poco a poco, sin dejar de batir, hasta obtener un merengue firme, brillante y estable.

Retira el merengue de la batidora y agrega la maicena tamizada y el vinagre. Mezcla suavemente durante unos segundos con la ayuda de una espátula y movimientos envolventes. Estos ingredientes ayudarán a que el merengue quede tierno por dentro y crujiente por fuera.

Con una manga pastelera, dosifica puntos de merengue sobre el círculo dibujado, creando un borde más alto alrededor y dejando un hueco en el centro para la nata y la fruta.

Introduce en el horno precalentado a 100 °C con calor arriba y abajo, y hornea durante 90 minutos. El tiempo puede variar según tu horno; la base debe estar firme y seca al tacto. Cuando esté lista, apaga el horno y deja la pavlova en el interior con la puerta entreabierta hasta que se enfríe completamente. Esto evitará posibles grietas. Una vez frío, pasa el merengue a una base o a un plato.

Monta la nata bien fría con el azúcar hasta obtener una textura suave pero firme, ideal para rellenar el interior del merengue. Finalmente, decora con frutos rojos frescos.

Bizcochos

Siempre me ha encantado hornear bizcochos. Para mí no hay nada como el aroma que llena la casa mientras se cocinan, y nada como la sensación de cortar un trocito recién hecho y saborearlo poco a poco.

En este capítulo encontraréis elaboraciones que se cocinan sin prisas para ir disfrutando de todo el proceso. Las recetas que os propongo son las que más me gusta preparar en casa, las divido en porciones en un táper para disfrutarlas los días siguientes: invito a amigos o a familia a tomar un café, me llevo un pedacito al obrador para desayunar, o simplemente para acompañar mi café de la tarde.

Banana bread

No sé si te pasa, pero a mí a veces me entra la vena *healthy* y compro fruta como si fuera a abrir un puesto en el mercado. Resultado: sin darme cuenta los plátanos han pasado de amarillo a negro en un abrir y cerrar de ojos. Solución: preparar este rico banana bread, que es ideal para ir picoteando cuando entran ganas de dulce. Me encanta cómo queda con el chocolate negro, pero si lo prefieres, puedes usar chocolate con leche.

2 huevos frescos
100 g de azúcar blanco
4 plátanos maduros
60 g de nata de montar
100 g de mantequilla sin sal
210 g de harina floja
5 g de bicarbonato
5 g de impulsor
5 g de sal
200 g de chips de chocolate negro
1 plátano para decorar

Empieza preparando un molde alargado tipo *plum cake*, cúbrelo con papel de horno o úntalo con mantequilla y harina.

En un bol bate los huevos junto con el azúcar hasta que la mezcla blanquee y esté espumosa. Añade cuatro plátanos triturados, la nata y la mantequilla pomada, y mezcla hasta integrar todos los ingredientes.

En otro recipiente tamiza la harina junto con el bicarbonato, el impulsor y la sal, e incorpóralos poco a poco a la mezcla anterior, utilizando una espátula y realizando movimientos envolventes. Cuando esté homogénea, agrega los chips de chocolate y mézclalos suavemente para que se repartan bien. Vierte la masa en el molde y coloca en la superficie un plátano cortado por la mitad a lo largo.

Hornea en el horno precalentado a 170 °C con calor arriba y abajo durante 50-60 minutos, o hasta que al pinchar con un palillo este salga limpio. Deja reposar el banana bread en el molde durante 10 minutos, luego desmóldalo y déjalo enfriar completamente sobre una rejilla.

Cake de limón estilo Starbucks

La etapa de ir a Starbucks con el portátil para hacer ver que trabajas, recomiendo no saltársela. Yo ya superé esa fase, pero lo que jamás superaré es la miniporción de lemon cake que pedía siempre con mi latte macchiato. Esta es la versión más parecida que encontrarás, aunque, como en toda receta, el verdadero secreto es el momento en el que la comes.

CAKE DE LIMÓN:

4 huevos frescos
130 g de azúcar blanco
la ralladura y el zumo de 2 limones
80 g de mantequilla sin sal
220 g de harina floja
5 g de impulsor

GLASEADO DE LIMÓN:

200 g de azúcar lustre
50 ml de zumo de limón

Prepara un molde alargado tipo *plum cake*, cúbrelo con papel de horno o úntalo con mantequilla y harina.

En un bol bate los huevos con el azúcar hasta que blanquee y duplique su volumen. Incorpora la ralladura de limón y mezcla suavemente. Añade el zumo de limón y la mantequilla derretida poco a poco y sigue mezclando.

En otro recipiente tamiza la harina junto con el impulsor y añade a la mezcla anterior en dos tandas, utilizando una espátula y realizando movimientos envolventes hasta obtener una masa homogénea.

Hornea en el horno precalentado a 170 °C con calor arriba y abajo durante 40-45 minutos, o hasta que al pinchar con un palillo este salga limpio. Deja reposar el cake en el molde durante 10 minutos, luego desmóldalo y déjalo enfriar completamente sobre una rejilla.

Mientras tanto, prepara el glaseado mezclando el azúcar lustre con el zumo de limón hasta obtener una cobertura blanca, espesa y ligeramente densa. Cuando el cake esté frío, cúbrelo con el glaseado dejando que caiga suavemente por los lados y deja secar a temperatura ambiente hasta que se endurezca.

Carrot cake

Escribo esta receta a principios de otoño y solo puedo imaginarme rallando zanahorias para uno de mis bizcochos favoritos. Lo mejor es la mezcla de especias que perfuma toda la cocina: aquí uso canela y nuez moscada, pero puedes jugar con jengibre, clavo, anís o pimienta de Jamaica para darle tu propio toque. Un bizcocho con sabor a sofá, peli y manta.

CAKE DE ZANAHORIA:

190 ml de zumo de naranja natural

265 ml de aceite de girasol

125 g de huevo

400 g de azúcar blanco

220 g de zanahoria

230 g de harina floja

50 g de maicena

6 g de impulsor

6 g de bicarbonato

7 g de canela en polvo

3 g de nuez moscada

66 g de harina de almendra

CREMA DE QUESO:

200 g de mantequilla sin sal

320 g de azúcar lustre

480 g de queso crema

Empieza preparando un molde desmontable de unos 20 cm de diámetro. Forra la base con papel de horno para evitar que la tarta se pegue y facilitar el desmoldado. Si no dispones de molde desmontable, utiliza uno normal y cúbrelo entero con papel de horno, o úntalo con mantequilla y harina.

En un bol grande mezcla el zumo de naranja, el aceite y el huevo. Incorpora el azúcar y remueve hasta que se disuelva bien. Pela y ralla la zanahoria y añádela a la mezcla.

En otro recipiente tamiza la harina floja con la maicena, el impulsor, el bicarbonato, la canela y la nuez moscada, y agrega también la harina de almendra. Incorpora poco a poco estos ingredientes secos sobre la mezcla líquida, removiendo con espátula hasta obtener una masa homogénea.

Hornea en el horno precalentado a 170 °C con calor arriba y abajo durante 45-50 minutos, o hasta que al pinchar con un palillo este salga limpio. Deja reposar el cake en el molde durante 10 minutos, desmóldalo y enfríalo completamente sobre una rejilla. Una vez frío, córtalo por la mitad formando dos capas.

Bate la mantequilla pomada con el azúcar lustre hasta obtener una mezcla cremosa. Incorpora el queso crema frío en varias tandas y bate a velocidad baja solo lo justo para lograr una crema homogénea y firme. Coloca la primera capa de cake en un plato, cúbrela con crema y coloca encima la segunda capa. Extiende una fina capa de crema por toda la tarta para atrapar las migas y conservar la humedad, refrigera durante 20 minutos y cubre de nuevo con una capa más generosa. Decora con nueces o frutos secos al gusto.

Pa de pessic

El pa de pessic me transporta directamente a mi infancia y a las tardes de domingo en casa. Se trata de una receta catalana, y su traducción sería algo así como «pan de pellizco», porque, literal, dan ganas de comérselo a pellizcos y no parar nunca. Es increíblemente esponjoso y además muy fácil de preparar porque lleva poquitos ingredientes. Eso sí, te recomiendo usar un batidor eléctrico de varillas porque la clave está en hacer un merengue muuuy firme.

6 huevos (claras y yemas por separado)
una pizca de sal
180 g de azúcar blanco
la ralladura de 1 limón
180 g de harina floja
azúcar lustre al gusto

Prepara un molde de 20 × 20 cm y cúbrelo entero con papel de horno o úntalo con mantequilla y harina.

Con una batidora eléctrica, bate las claras con la sal hasta que estén espumosas. Añade la mitad del azúcar poco a poco y continúa batiendo hasta obtener un merengue firme y brillante.

En otro bol bate las yemas con la otra mitad del azúcar hasta que la mezcla blanquee y añade la ralladura de limón. Después incorpora las yemas batidas al merengue anterior, con movimientos envolventes y con una espátula para que el merengue no pierda aire.

Tamiza la harina y añádela en tres tandas sobre la mezcla, hasta que quede bien integrada. El secreto para que el bizcocho quede muy aireado está en hacerlo poco a poco y sin sobremezclar.

Vierte la masa en el molde, alisa la superficie y hornea en el horno precalentado a 170 °C, con calor arriba y abajo durante 30-35 minutos, o hasta que al pinchar con un palillo este salga limpio. Deja reposar el bizcocho en el molde durante 10 minutos, desmóldalo y enfríalo completamente sobre una rejilla. Espolvorea con azúcar lustre antes de servir, utilizando un tamiz o un colador fino.

Tarta Guinness de chocolate

Si te gusta la cerveza, esta es tu tarta. No puedes imaginar lo bien que se complementa la cerveza negra con el cacao puro, y es que el sabor de la cebada tostada tiene un aroma inconfundible. Para culminar, queda de auténtica locura con un buen *frosting* de queso.

BIZCOCHO DE CACAO Y GUINNESS:

250 g de mantequilla sin sal

250 g de cerveza Guinness

75 g de azúcar blanco

75 g de cacao puro en polvo

2 huevos frescos

250 g de harina floja

3 g de bicarbonato

FROSTING DE QUESO:

250 g de nata de montar

200 g de queso crema

100 g de azúcar

chocolate negro para decorar

Empieza preparando un molde desmontable de unos 20 cm de diámetro. Forra la base con papel de horno. Si no dispones de molde desmontable, utiliza uno normal, cúbrelo con papel de horno o úntalo con mantequilla y harina.

Calienta en un cazo a fuego medio la mantequilla y la cerveza Guinness hasta que la mantequilla se derrita. Retira del fuego y añade el azúcar y el cacao, batiendo con unas varillas hasta obtener una mezcla lisa y brillante.

En un bol bate los huevos ligeramente y vierte la mezcla anterior todavía tibia. Continúa batiendo para atemperar y evitar que los huevos cuajen.

Añade la harina y el bicarbonato tamizados con movimientos suaves hasta que quede una mezcla fina y sin grumos.

Vierte la masa en el molde y hornea en el horno precalentado a 170 °C con calor arriba y abajo durante 45-50 minutos, o hasta que al pinchar con un palillo este salga limpio. Deja reposar el bizcocho en el molde durante 10 minutos, desmóldalo y enfríalo completamente sobre una rejilla.

Por otro lado, monta la nata con el queso crema y el azúcar en la batidora. Cuando esté montado, extiéndelo sobre la superficie del bizcocho a tu gusto. Por último, ralla un poco de chocolate negro por encima.

Brownies

Los brownies son uno de mis postres favoritos: se preparan rápido, no requieren muchos utensilios y sus ingredientes son fáciles de conseguir. Y seamos sinceros..., ¿quién puede resistirse a un buen brownie acompañado de una enorme bola de helado?

En este capítulo iremos más allá del clásico brownie de chocolate, aunque, por supuesto, ese nunca puede faltar. Aprenderéis a preparar un brownie de Oreo® cheesecake irresistible, un blondie (la versión rubia del brownie) con su inconfundible sabor a mantequilla tostada y vainilla, y un brownie estilo Snickers®, ideal para los amantes del caramelo y los frutos secos.

La clave de un brownie perfecto está en el punto de cocción: el interior debe quedar ligeramente húmedo y fundente, porque esa textura es lo que lo hace realmente delicioso. Puedes añadir nueces a la masa si quieres, aunque el brownie clásico tradicional no las lleva. Pero ya sabes: la repostería es un juego..., ¡así que... A JUGAR!

Brownie clásico

Empezamos con el brownie clásico, pero no por ello menos delicioso. Si dominas esta receta, podrás dominarlas todas, y es que, como en la pizza, el secreto está en la masa. El brownie original no lleva nueces, pero, si a ti te gustan, puedes añadir unos 50 gramos troceados en la mezcla antes de hornear. El truco es que no te pases con la cocción, la gracia es que quede un interior jugosito y húmedo.

- 200 g de chocolate negro de repostería
- 150 g de mantequilla sin sal
- 150 g de azúcar blanco
- 3 huevos frescos
- 1 cdta. de extracto de vainilla
- 90 g de harina floja
- una pizca de sal
- 50 g de nueces (opcional)
- chocolate con leche fundido al gusto

Prepara un molde de 20 × 20 cm, cúbrelo con papel de horno o úntalo con mantequilla y harina.

En un bol coloca el chocolate troceado y la mantequilla a dados, y ponlo al baño maría para que se derrita lentamente. Ve removiendo hasta obtener una mezcla lisa y homogénea. También lo puedes calentar en el microondas en tandas muy breves para evitar que se queme el chocolate. Deja enfriar ligeramente e incorpora el azúcar. Continúa batiendo mientras añades los huevos uno a uno. Añade la vainilla y mezcla hasta integrar. Por último, tamiza la harina y la sal, e incorpora a la masa con movimientos envolventes.

Vierte la masa en el molde, alisa la superficie y hornea en el horno precalentado a 180 °C con calor arriba y abajo durante 20-25 minutos, o hasta que al pinchar con un palillo salga con algunas migas húmedas. Ten en cuenta que el brownie debe quedar jugoso en el interior. Deja reposar en el molde durante 10 minutos, desmóldalo y enfríalo completamente sobre una rejilla.

Si quieres darle un toque final bien goloso, puedes cubrirlo con chocolate con leche fundido antes de servir.

Brownie de Snickers®

Lo dije en la tarta banoffee y lo vuelvo a repetir: A-M-O la combinación de cacahuetes con dulce de leche. Por eso, los Snickers® no pueden faltar en mi cajón de caprichos de emergencia. Este brownie es un homenaje a los mejores snacks de chocolate que existen.

BROWNIE:

200 g de chocolate negro de repostería

150 g de mantequilla sin sal

150 g de azúcar blanco

3 huevos frescos

1 cdta. de extracto de vainilla

90 g de harina floja

una pizca de sal

COBERTURA DE CACAHUETES CON DULCE DE LECHE:

100 g de cacahuetes tostados sin sal

150 g de dulce de leche

DECORACIÓN:

100 g de chocolate con leche o negro

Prepara un molde de 20 cm de diámetro, cúbrelo con papel de horno o úntalo con mantequilla y harina.

En un bol coloca el chocolate troceado y la mantequilla a dados, y ponlo al baño maría para que se derrita lentamente. Ve removiendo hasta obtener una mezcla lisa y homogénea. También lo puedes calentar en el microondas en tandas muy breves para evitar que se queme el chocolate. Deja enfriar ligeramente e incorpora el azúcar. Continúa batiendo mientras añades los huevos uno a uno. Añade la vainilla y mezcla hasta integrar. Por último, tamiza la harina y la sal, e incorpora a la masa con movimientos envolventes.

Vierte la masa en el molde, alisa la superficie y hornea en el horno precalentado a 180 °C con calor arriba y abajo durante 20-25 minutos, o hasta que al pinchar con un palillo salga con algunas migas húmedas. Ten en cuenta que el brownie debe quedar jugoso en el interior. Deja reposar en el molde durante 10 minutos, desmóldalo y enfríalo completamente sobre una rejilla.

Mezcla los cacahuetes con el dulce de leche y extiende la mezcla sobre el brownie ya frío en una capa uniforme.

Por último, funde el chocolate al baño maría o en el microondas y déjalo atemperar un poco para que no esté demasiado caliente. Viértelo sobre la capa de cacahuetes y refrigera hasta que el chocolate se endurezca.

Blondie de Oreo Golden® y chocolate blanco

La diferencia entre el brownie y el blondie es que el segundo no se prepara con chocolate, sino con una combinación de azúcar moreno y mantequilla tostada que le da a la masa un sabor parecido al tofe. Digamos que es la versión rubia del clásico brownie. Además, guardo un recuerdo muy especial con esta receta y es que ¡la enseñé a preparar en mi primer taller de pastelería con solo veinte años!

- 180 g de mantequilla sin sal
- 200 g de azúcar moreno
- 2 huevos frescos
- 1 cdta. de extracto de vainilla
- 190 g de harina floja
- una pizca de sal
- 100 g de galletas Oreo Golden®
- 50 g de chips de chocolate blanco

Prepara un molde de 20 × 20 cm, cúbrelo con papel de horno o úntalo con mantequilla y harina.

En un bol mezcla la mantequilla fundida con el azúcar. Añade los huevos uno a uno y continúa batiendo. Añade la vainilla y mezcla hasta integrar. Por último, tamiza la harina y la sal, e incorpora a la masa con movimientos envolventes. Incorpora las Oreo Golden troceadas y los chips de chocolate blanco. Reserva unas galletas para la decoración.

Vierte la masa en el molde, alisa la superficie, decora con galletas troceadas y hornea en el horno precalentado a 180 °C con calor arriba y abajo durante 25-30 minutos, o hasta que al pinchar con un palillo salga con algunas migas húmedas. Ten en cuenta que el brownie debe quedar jugoso en el interior. Deja reposar en el molde durante 10 minutos, desmóldalo y enfríalo completamente sobre una rejilla antes de cortar en cuadrados.

Brownie red velvet

Si me preguntas si todo se puede *redvelvetilizar*, la respuesta es: ¿y por qué no? Lo tenemos en versión cookie, versión tarta y, obviamente, versión brownie. En este caso, como queremos una masa más compacta y no tan aireada como el bizcocho, no utilizaremos el vinagre, pero sí el cacao puro para no perder su toque amargo tan característico.

BROWNIE RED VELVET:

- 150 g de chocolate blanco
- 230 g de mantequilla sin sal
- 250 g de azúcar blanco
- 4 huevos frescos
- 20 g de cacao puro en polvo
- 1 cdta. de colorante rojo en pasta
- 200 g de harina floja

CREMA DE QUESO:

- 100 g de mantequilla sin sal
- 160 g de azúcar lustre
- 200 g de queso crema

Prepara un molde de 20 × 20 cm, cúbrelo con papel de horno o úntalo con mantequilla y harina.

En un bol coloca el chocolate troceado y la mantequilla a dados, y ponlo al baño maría para que se derrita lentamente. Ve removiendo hasta obtener una mezcla lisa y homogénea. También lo puedes calentar en el microondas en tandas muy breves para evitar que se queme el chocolate. Deja enfriar ligeramente e incorpora el azúcar. Continúa batiendo mientras añades los huevos uno a uno. Añade la harina y el cacao en polvo tamizados, e incorpora a la masa con movimientos envolventes. Por último, incorpora el colorante rojo hasta que quede bien integrado.

Vierte la masa en el molde, alisa la superficie y hornea en el horno precalentado a 180 °C con calor arriba y abajo durante 35-40 minutos, o hasta que al pinchar con un palillo salga con algunas migas húmedas. Ten en cuenta que el brownie debe quedar jugoso en el interior. Deja reposar en el molde durante 10 minutos, desmóldalo y enfríalo completamente sobre una rejilla. Corta círculos con un cortante y reserva las sobras de brownie para la decoración.

Bate la mantequilla pomada con el azúcar lustre hasta obtener una mezcla cremosa. Incorpora el queso crema frío en varias tandas y bate a velocidad baja solo lo justo para lograr una crema homogénea y firme. Dosifica la crema sobre el brownie y decora con algunas migas al gusto.

Brownie de Oreo® cheesecake

Si sumas brownie + Oreo® + cheesecake, la respuesta no es 3, ¡sino 1.000! Esta es de esas recetas en las que me encanta juntarlo todo y ver qué pasa. A veces es un desastre, pero otras, una genialidad. ¿A ti qué te parece?

BROWNIE:

200 g de chocolate negro de repostería

150 g de mantequilla sin sal

150 g de azúcar blanco

3 huevos frescos

1 cdta. de extracto de vainilla

90 g de harina floja

una pizca de sal

50 g de galletas Oreo®

CHEESECAKE:

200 g de queso crema

1 huevo fresco

60 g de azúcar blanco

25 g de harina floja

40 g de mantequilla sin sal

Prepara un molde de 20 × 20 cm, cúbrelo con papel de horno o úntalo con mantequilla y harina.

En un bol coloca el chocolate troceado y la mantequilla a dados, y ponlo al baño maría para que se derrita lentamente. Ve removiendo hasta obtener una mezcla lisa y homogénea. También lo puedes calentar en el microondas en tandas muy breves para evitar que se queme el chocolate. Deja enfriar ligeramente e incorpora el azúcar. Continúa batiendo mientras añades los huevos uno a uno. Añade la vainilla y mezcla hasta integrar. Tamiza la harina y la sal, e incorpora a la masa con movimientos envolventes. Por último, añade la mitad de las galletas Oreo® troceadas.

En un bol pon todos los ingredientes del cheesecake y bátelos hasta que la mezcla quede cremosa y sin grumos.

Vierte la masa del brownie en el molde y añade por la superficie masa de cheesecake, mezclándolo ligeramente con el brownie. Decora con el resto de las galletas Oreo® e introduce en el horno precalentado a 180 °C con calor arriba y abajo durante 20-25 minutos, o hasta que al pinchar con un palillo salga con algunas migas húmedas. Ten en cuenta que el brownie debe quedar jugoso en el interior. Deja reposar en el molde durante 10 minutos, desmóldalo y enfríalo completamente sobre una rejilla.

Cupcakes

Puede que cupcakes suene más comercial, pero la verdad es que yo crecí comiendo magdalenas. A primera vista pueden parecer lo mismo, pero hay diferencias clave en los ingredientes y la textura final: los cupcakes llevan más azúcar, leche y una combinación de vinagre y bicarbonato, lo que les da una miga más húmeda, perfecta para coronar con *frosting* o rellenar. Las magdalenas, en cambio, tienen menos hidratación y usan impulsor en lugar de bicarbonato, lo que crea esa cúpula característica y una textura más ligera y aireada, ideal para mojar en leche o en un buen ColaCao® bien fresquito.

En este libro no podía faltar un capítulo dedicado a estas dos versiones, no solo por lo ricas que están, sino por los momentos que representan: desayunos y meriendas en familia, en el parque, de excursión…, listas para quitarles el papelito y devorarlas en cuatro bocados.

Llamadme nostálgica, pero yo soy *team* clásico, así que…
¡QUE VIVAN LAS MAGDALENAS!

Cupcakes de arándanos y limón

10 cupcakes

Estos cupcakes son muy fáciles de preparar, y te aseguro que serán todo un éxito. El resultado es una miga húmeda y esponjosa, ideal para aguantar varios días sin perder jugosidad. Puedes cambiar los arándanos por frambuesa troceada, o utilizar chips de chocolate y ralladura de naranja para tener una versión completamente diferente. ¡Atrévete a experimentar!

- 125 ml de leche
- 3 ml de vinagre
- 2 huevos frescos
- 190 g de azúcar blanco
- 70 ml de aceite de girasol
- la ralladura de 1 limón
- 180 g de harina floja
- 2 g de bicarbonato
- 200 g de arándanos frescos

En un vaso mezcla la leche con el vinagre y deja reposar durante 10 minutos. La acidez hará que la leche se corte ligeramente, formando un sustituto de *buttermilk* que aportará jugosidad y esponjosidad a la masa.

En un bol bate el huevo con el azúcar hasta que la mezcla blanquee y doble su volumen. Añade el aceite poco a poco en forma de hilo para que emulsione bien. Agrega la ralladura de limón que aportará frescura y un toque cítrico que quedará genial con los arándanos. Incorpora la leche con vinagre y mezcla hasta integrar por completo.

Tamiza la harina y el bicarbonato, y agrega poco a poco al bol, utilizando una espátula y realizando movimientos suaves y envolventes.

Reboza ligeramente los arándanos en un poco de harina (para que no se hundan en el horneado) y mézclalos con la masa suavemente.

Vierte la masa en cápsulas de cupcakes, llenando unas ¾ partes, e introduce en el horno precalentado a 170 °C con calor arriba y abajo durante 18-20 minutos, o hasta que al pinchar con un palillo salga limpio. Deja enfriar sobre una rejilla.

Cupcakes de lemon pie

Esta es la típica receta que ves en Pinterest y piensas: «¡Pin-ta-za!». Por supuesto, en este libro no puede faltar una tendencia, así que aquí van estos cupcakes de lemon pie con los que vas a conquistar el mundo entero. Puedes hacerlo sin merengue si lo ves demasiado complicado, pero yo te animo a que lo hagas porque es lo mejor de la receta.

CUPCAKES:

- 260 ml de leche
- 6 ml de vinagre
- 3 huevos frescos
- 380 g de azúcar
- 145 ml de aceite de girasol
- 360 g de harina floja
- 5 g de bicarbonato

CREMA DE LIMÓN:

- 3 huevos frescos
- 2 yemas de huevo
- 120 g de azúcar blanco
- 150 ml de zumo de limón
- la ralladura de 1 limón
- 8 g de maicena

CONTINÚA...

En un vaso mezcla la leche con el vinagre y deja reposar durante 10 minutos. La acidez hará que la leche se corte ligeramente, formando un sustituto de *buttermilk* que aportará jugosidad y esponjosidad a la masa.

En un bol bate el huevo con el azúcar hasta que la mezcla blanquee y doble su volumen. Añade el aceite poco a poco en forma de hilo para que emulsione bien. Incorpora la leche con vinagre y mezcla hasta integrar por completo. Tamiza la harina y el bicarbonato, y agrega poco a poco al bol, utilizando una espátula y realizando movimientos suaves y envolventes.

Vierte la masa en cápsulas de cupcakes, llenando unas ¾ partes, e introduce en el horno precalentado a 170 °C con calor arriba y abajo durante 18-20 minutos, o hasta que al pinchar con un palillo salga limpio. Deja enfriar sobre una rejilla.

Calienta todos los ingredientes de la crema de limón en un cazo a fuego bajo-medio sin parar de remover para que no se cuaje el huevo. Ve calentando y removiendo

100 g de mantequilla sin sal

MERENGUE ITALIANO:

150 g de claras de huevo

300 g de azúcar blanco

150 ml de agua

hasta que espese y obtengas una crema fina, pásala por un colador si la quieres aún más fina. Viértela en un bol y tápala con papel film de forma que haga contacto en la superficie y deja enfriar.

Prepara el merengue italiano montando las claras en la batidora. Al mismo tiempo, calienta el agua con el azúcar y lleva la mezcla a 121 °C. En ese punto, viértela en hilo fino sobre las claras y sigue montando hasta obtener un merengue firme. Pásalo a una manga pastelera con boquilla redonda y dosifícalo sobre los cupcakes. Haz un hueco en el centro con una cuchara y dosifica la crema de limón fría.

Cupcakes red velvet

10 cupcakes

Si has leído las recetas anteriores de red velvet, entenderás perfectamente por qué debe existir la versión en cupcake. Una delicia transformada en porción individual, así te aseguras de no tener que compartir tu ración con nadie. Tu red velvet ¡solo para ti!

CUPCAKES DE RED VELVET:

250 ml de leche

6 ml de vinagre

3 huevos frescos

380 g de azúcar blanco

145 ml de aceite de girasol

20 g de colorante rojo alimentario

360 gr de harina floja

5 g de bicarbonato

40 g de cacao puro en polvo

CREMA DE QUESO:

100 g de mantequilla sin sal

160 g de azúcar lustre

240 g de queso crema

En un vaso mezcla la leche con el vinagre y deja reposar durante 10 minutos. La acidez hará que la leche se corte ligeramente, formando un sustituto de *buttermilk* que aportará jugosidad y esponjosidad a la masa. Además, también le dará el toque ácido típico del red velvet.

En un bol bate el huevo con el azúcar hasta que la mezcla blanquee y doble su volumen. Añade el aceite poco a poco en forma de hilo para que emulsione bien. Agrega el colorante rojo y mezcla bien hasta conseguir un tono uniforme. El color debe quedar intenso, ya que al hornear siempre baja un poco. Incorpora la leche con vinagre y mezcla hasta integrar por completo.

Tamiza la harina, el bicarbonato y el cacao. Agrega la mezcla seca poco a poco al bol, utilizando una espátula y realizando movimientos suaves y envolventes.

Vierte la masa en cápsulas de cupcakes, llenando unas ¾ partes, introduce en el horno precalentado a 170 °C con calor arriba y abajo, y hornea durante 18-20 minutos, o hasta que al pinchar con un palillo este salga limpio. Deja enfriar completamente sobre una rejilla.

Bate la mantequilla pomada con el azúcar lustre hasta que quede cremosa. Incorpora el queso crema frío en varias tandas y bate a velocidad baja hasta que la mezcla sea homogénea y firme sin batir demasiado. Dosifica la crema con una manga pastelera sobre los cupcakes cuando estén fríos.

Magdalenas clásicas

8-10 magdalenas

Esta es una de esas recetas sencillas a simple vista, pero a las que les tengo mucho cariño. Este libro no sería posible sin la ayuda de mis personas vitamina, entre ellas mi madre, que me ayudó a preparar muchas de las recetas para las sesiones de fotos. Una de ellas fueron estas magdalenas clásicas. ¡Gracias, mami!

2 huevos frescos
130 g de azúcar blanco
120 ml de aceite de girasol o de oliva suave
la ralladura de 1 limón o 1 naranja
una pizca de sal
40 ml de leche
130 g de harina floja
4 g de impulsor

En un bol bate el huevo con el azúcar hasta que la mezcla blanquee y doble su volumen. Añade el aceite poco a poco en forma de hilo para que emulsione bien. Agrega la ralladura y una pizca de sal.

Incorpora la leche y mezcla suavemente. Tamiza la harina con el impulsor e incorpora poco a poco a la mezcla, con movimientos envolventes.

Cubre el bol con papel film y deja reposar en la nevera durante un mínimo de 30 minutos. Este paso ayudará a que las magdalenas suban y hagan un buen copete.

Vierte la masa en cápsulas rígidas de magdalena, llenando unas ¾ partes, espolvorea un poco de azúcar sobre cada magdalena e introduce en el horno precalentado a 210 °C con calor arriba y abajo. Hornea durante 5 minutos, después baja la temperatura a 180 °C y hornea durante 10-12 minutos más hasta que estén doradas, o hasta que al pinchar con un palillo este salga limpio. Deja enfriar completamente sobre una rejilla.

Magdalenas de chocolate

Esta es la versión chocolateada de las magdalenas clásicas. La elaboración se parece mucho, pero aquí añadimos cacao puro en polvo y chips de chocolate, que puede ser negro o con leche, ¡según tus gustos!

2 huevos frescos
120 g de azúcar blanco
110 ml de aceite de girasol o de oliva suave
una pizca de sal
50 ml de leche
120 g de harina floja
4 g de impulsor
30 g de cacao puro en polvo
60 g de chips de chocolate

En un bol bate el huevo con el azúcar hasta que la mezcla blanquee y doble su volumen. Añade el aceite poco a poco en forma de hilo para que emulsione bien. Agrega una pizca de sal.

Incorpora la leche y mezcla suavemente. Tamiza la harina con el impulsor y el cacao, e incorpora poco a poco a la mezcla, con movimientos envolventes. Añade la mitad de los chips de chocolate y mezcla suavemente.

Cubre el bol con papel film y deja reposar en la nevera durante un mínimo de 30 minutos. Este paso ayudará a que las magdalenas suban y hagan un buen copete.

Vierte la masa en cápsulas rígidas de magdalena, llenando unas ¾ partes, reparte los chips de chocolate restantes por encima e introduce en el horno precalentado a 210 °C con calor arriba y abajo. Hornea durante 5 minutos, después baja la temperatura a 180 °C y hornea durante 10-12 minutos más hasta que estén doradas, o hasta que al pinchar con un palillo este salga limpio. Deja enfriar completamente sobre una rejilla.

Bollería

Este es uno de los capítulos que más me ilusiona, y a la vez más respeto me impone. La bollería es quizá una de las disciplinas más complejas de la pastelería: entran en juego factores clave como el amasado y, sobre todo, la fermentación. Si esta última no se realiza a la temperatura adecuada y durante el tiempo justo, el resultado puede cambiar por completo.

Pero cuando todo sale bien, la satisfacción es incomparable. Aquí encontrarás el clásico cinnamon roll, uno de los mayores éxitos del Bakery; el babka bun, que ahora mismo es tendencia absoluta en redes; los dónuts, eternos favoritos que nunca pasan de moda; y la tarta de manzana de mi mami, una receta muy especial que servíamos a diario en la cafetería y que siempre conquistaba a todos.

Prepárate, porque este capítulo va de amasar, reposar y disfrutar.

Cinnamon roll

12 rollos de canela en una fuente de 40 × 27 cm

Sería imposible llevar la cuenta de la cantidad de bandejas de cinnamon rolls que he horneado a lo largo de mi vida. He preparado el clásico de siempre, pero también versiones cheesecake, tiramisú y muchas otras según la tendencia de la semana. Sea cual sea la variante, la clave está en una masa esponjosa y un relleno de canela bien generoso en cada bocado. Y, por supuesto, el momento mágico: servirlos recién horneados o darles unos segundos de microondas para disfrutarlos tiernos y calentitos.

RELLENO DE CANELA:

150 g de mantequilla sin sal

90 g de azúcar moreno

9 g de canela en polvo

3 g de nuez moscada

MASA:

200 g de harina de fuerza

200 g de harina floja

50 g de azúcar blanco

25 g de levadura fresca

125 ml de leche

50 ml de agua

60 g de huevo

50 g de mantequilla sin sal

1 g de sal

CONTINÚA...

Empieza preparando el relleno mezclando la mantequilla pomada, el azúcar moreno y las especias hasta obtener una textura cremosa y untuosa.

En otro bol mezcla las harinas con el azúcar blanco y pásalas a una batidora con gancho. En una jarra desmenuza la levadura fresca y bátela junto con la leche, el agua y el huevo hasta que no queden grumos. Ve incorporando poco a poco esta mezcla líquida a la harina mientras la batidora trabaja. Cuando todo esté integrado, añade la mantequilla pomada y la sal, y sigue amasando hasta que la masa se vuelva lisa, elástica y un poco pegajosa.

Si no tienes batidora con gancho, puedes amasar a mano, pero necesitarás paciencia y algo de fuerza: al ser una masa con mantequilla, leche y huevo, es húmeda y rica en grasas y requiere un buen rato de amasado para que se forme el gluten y quede bien esponjosa.

Estira la masa con un rodillo sobre el mármol, intentando formar un rectángulo. Extiende el relleno de canela por toda la masa y enróllala. Corta 12 porciones y

GLASEADO:
90 g de queso crema
300 g de azúcar lustre
50 ml de leche

coloca los rollos en una fuente para hornear. Deja fermentar a temperatura ambiente hasta que doblen su volumen.

Pinta la superficie con un poco de leche e introduce la fuente en el horno precalentado con calor arriba y abajo a 180 °C y hornea durante 20-25 minutos, o hasta que la superficie quede doradita.

Prepara el glaseado mezclando el queso crema, el azúcar lustre y la leche, y pinta los cinnamon rolls en caliente para que el glaseado se fusione con la masa.

Babka bun de Nutella®

El babka bun es una de esas tendencias tan *aesthetic* que no podía quedar fuera de este libro. Originario de los países del Este, como Polonia, Rusia o Ucrania, se elabora con levadura y destaca por sus preciosos pliegues, que recuerdan a los pliegues de una falda. De hecho, su nombre tiene historia: *babka* significa «abuela» en ruso. Como toda receta tradicional, existen miles de versiones, así que aquí te dejo la mía rellena con deliciosa Nutella®.

MASA:

- 200 g de harina de fuerza
- 200 g de harina floja
- 50 g de azúcar blanco
- 25 g de levadura fresca
- 125 ml de leche
- 50 ml de agua
- 60 g de huevo
- 50 g de mantequilla sin sal
- 1 g de sal
- 150 g de Nutella®

En un bol mezcla las harinas con el azúcar blanco y pásalas a una batidora con gancho. En una jarra desmenuza la levadura fresca y bátela junto con la leche, el agua y el huevo hasta que no queden grumos. Ve incorporando poco a poco esta mezcla líquida a la harina mientras la batidora trabaja. Cuando todo esté integrado, añade la mantequilla pomada y la sal, y sigue amasando hasta que la masa se vuelva lisa, elástica y un poco pegajosa.

Si no tienes batidora con gancho, puedes amasar a mano, pero necesitarás paciencia y algo de fuerza: al ser una masa con mantequilla, leche y huevo, es húmeda y rica en grasas y requiere un buen rato de amasado para que se forme el gluten y quede bien esponjosa.

Estira la masa con un rodillo sobre el mármol, intentando formar un rectángulo. Extiende la Nutella® por toda la masa y dóblala por la mitad. Corta 12 tiras, trénzalas de dos en dos y después forma 6 rollos con cada trenza. Coloca las porciones en una bandeja de horno con papel de hornear y deja fermentar a temperatura ambiente hasta que doblen su volumen.

Pinta la superficie con un poco de huevo e introduce la fuente en el horno precalentado a 180 °C durante 10-15 minutos, o hasta que la superficie quede doradita. Deja enfriar y decora con un poco de azúcar lustre.

Dónuts glaseados

8 dónuts

Esta es una de esas elaboraciones que si te queda perfecta llorarás de emoción: basta con ir añadiendo los ingredientes a la batidora con gancho y dejar que la masa haga su magia. Pero el verdadero reto está en los detalles: dar con la elasticidad perfecta, lograr una fermentación en su punto y freír a la temperatura exacta. Cuando todo encaja, el resultado es un dónut brillante, esponjoso y con un aroma inconfundible.

MASA DE DÓNUT:

500 g de harina de fuerza
75 g de azúcar blanco
150 g de huevo
40 g de yema de huevo
110 ml de agua
15 g de levadura fresca
100 g de mantequilla sin sal
3 g de ralladura de naranja
1 vaina de vainilla
1 g de nuez moscada
7 g de sal

GLASEADO:

100 g de azúcar lustre
200 ml de agua
50 g de maicena

Mezcla la harina, el azúcar blanco y el huevo y las yemas en una batidora con gancho. (Si no tienes batidora con gancho, puedes amasar a mano, pero necesitarás paciencia y algo de fuerza). En una jarra desmenuza la levadura fresca en el agua y bate hasta que no queden grumos. Ve incorporando poco a poco esta mezcla líquida a la harina mientras la batidora trabaja. Cuando todo esté integrado, añade la mantequilla pomada, la ralladura de naranja, la raspadura de la vaina de vainilla y la nuez moscada. Por último, agrega la sal y sigue amasando hasta que la masa se vuelva lisa, elástica y un poco pegajosa. Deja reposar la masa unos minutos para que pierda fuerza.

Estira la masa con un rodillo formando una lámina de 1 cm y haz círculos con un molde de dónuts o dos aros de diferente tamaño. Deja fermentar a temperatura ambiente (26-28 °C) hasta que triplique su volumen. Fríe en aceite de girasol a 180 °C y deja enfriar sobre una rejilla.

Prepara el glaseado mezclando el azúcar lustre, el agua y la maicena, y cubre los dónuts de manera uniforme.

Dónuts rellenos de chocolate

8 dónuts

Para los más puristas, siempre quedará la receta anterior de dónut glaseado. Pero si eres de los que se atreven con todo, basta con rellenarlos de una *ganache* de chocolate negro y bañarlos en aún más chocolate para entrar en modo pecado máximo. Yo, lo confieso, en este caso me quedo con los básicos: igual que con una buena pizza margarita, a veces menos es más.

MASA DE DÓNUT:

500 g de harina de fuerza

75 g de azúcar blanco

150 g de huevo

40 g de yema de huevo

110 ml de agua

15 g de levadura fresca

100 g de mantequilla sin sal

3 g de ralladura de naranja

1 vaina de vainilla

1 g de nuez moscada

7 g de sal

CONTINÚA...

Mezcla la harina, el azúcar blanco y el huevo y las yemas en una batidora con gancho. (Si no tienes batidora con gancho, puedes amasar a mano, pero necesitarás paciencia y algo de fuerza). En una jarra desmenuza la levadura fresca en el agua y bate hasta que no queden grumos. Incorpora poco a poco esta mezcla líquida a la harina mientras la batidora trabaja. Cuando todo esté integrado, añade la mantequilla pomada, la ralladura de naranja, las semillas de la vaina de vainilla y la nuez moscada. Por último, agrega la sal y sigue amasando hasta que la masa se vuelva lisa, elástica y un poco pegajosa. Deja reposar unos 10 minutos para que pierda fuerza.

Estira la masa con un rodillo hasta obtener una lámina de 1 cm de grosor y corta círculos con un molde de dónuts o dos aros de distinto tamaño. Deja fermentar a temperatura ambiente (26-28 °C) hasta que tripliquen su volumen. Fríe en aceite de girasol a 180 °C y deja enfriar sobre una rejilla.

GANACHE DE CHOCOLATE:

200 g de chocolate negro de repostería

200 g de nata de montar

30 g de mantequilla sin sal

BAÑO DE CHOCOLATE CON LECHE:

400 g de chocolate con leche

Para la *ganache*, coloca el chocolate troceado en un bol. Calienta la nata en un cazo hasta justo antes de que hierva, retírala del fuego y viértela sobre el chocolate. Remueve enérgicamente hasta que se funda por completo, añade la mantequilla y sigue mezclando hasta obtener una crema brillante y sedosa. Cubre la *ganache* con papel film de forma que haga contacto con la superficie y refrigera durante 12 horas.

Pasa la *ganache* a una manga con boquilla fina y dosifica puntos en el interior de los dónuts.

Por último, funde el chocolate al baño maría, o en tandas muy breves en el microondas, y baña la parte superior de los dónuts. Deja enfriar hasta que el chocolate cristalice.

Dónuts rellenos de crema

8 dónuts

Adoro preparar crema pastelera: la piel de limón y la canela son de mis ingredientes favoritos en pastelería, y juntos perfuman cada rincón del obrador. Lo que más me gusta de estos dónuts rellenos es el momento final, cuando quemo ligeramente la superficie de la crema. Ahí sí que se produce una explosión de aromas que resulta, sencillamente, irresistible.

CREMA PASTELERA:

90 g de nata de montar
390 ml de leche
120 g de azúcar blanco
la piel de 3 limones
3 ramas de canela
75 g de yema de huevo
45 g de maicena

MASA DE DÓNUT:

500 g de harina de fuerza
75 g de azúcar blanco
150 g de huevo
40 g de yema de huevo
110 ml de agua
15 g de levadura fresca
100 g de mantequilla sin sal

CONTINÚA...

Calienta en un cazo la nata, la leche y el azúcar con la piel de limón y la canela. En un bol aparte mezcla las yemas con la maicena hasta integrarlas. Cuando la mezcla del cazo empiece a hervir, cuélala para retirar la canela y el limón, y viértela poco a poco sobre las yemas, mezclando sin parar. Vuelve a colocar todo en el cazo a fuego bajo, removiendo de forma constante hasta que la crema espese. Pasa a un bol, cubre con film a piel y deja enfriar.

Mezcla la harina, el azúcar blanco y el huevo y las yemas en una batidora con gancho. (Si no tienes batidora con gancho, puedes amasar a mano, pero necesitarás paciencia y algo de fuerza). En una jarra desmenuza la levadura fresca en el agua y bate hasta que no queden grumos. Incorpora poco a poco esta mezcla líquida a la harina mientras la batidora trabaja. Cuando todo esté integrado, añade la mantequilla pomada, la ralladura de naranja, las semillas de la vaina de vainilla y la nuez moscada. Por último, agrega la sal y sigue amasando hasta que la masa se vuelva lisa, elástica y un poco pegajosa. Deja reposar unos 10 minutos para que pierda fuerza.

3 g de ralladura de naranja
1 vaina de vainilla
1 g de nuez moscada
7 g de sal

GLASEADO:
100 g de azúcar lustre
200 ml de agua
50 g de maicena

Estira la masa con un rodillo hasta obtener una lámina de 1 cm de grosor y corta círculos con un molde de dónuts o dos aros de distinto tamaño. Deja fermentar a temperatura ambiente (26-28 °C) hasta que tripliquen su volumen. Fríe en aceite de girasol a 180 °C y deja enfriar sobre una rejilla.

Prepara el glaseado mezclando el azúcar lustre, el agua y la maicena, y cubre los dónuts de manera uniforme.

Una vez fríos, corta los dónuts por la mitad y coloca las bases en una bandeja. Rellena con la crema pastelera usando una manga con boquilla redonda, tapa con la otra mitad del dónut y añade de nuevo una fina capa de crema pastelera por encima. Si quieres la crema tostada, espolvorea un poco de azúcar y quémala con una pala.

Tarta de manzana de mi mami

Esta es la tarta de manzana de mi mami, la que siempre hemos preparado juntas en casa y que me trae muy buenos recuerdos. Para esta tarta solo hay un requisito imprescindible: elegir unas buenas manzanas. Yo prefiero hacerla con manzana golden, que es dulce y la pulpa es fina y jugosa. Pero también me encanta la granny smith, que es muy ácida y firme y queda ideal en repostería. Si quieres un equilibrio perfecto entre dulzor y acidez, puedes mezclar ambas variedades.

CREMA PASTELERA:

60 g de nata de montar
260 ml de leche
80 g de azúcar blanco
50 g de yema de huevo
30 g de maicena
la piel de 1 limón
1 rama de canela

HOJALDRE:

1 placa de hojaldre de mantequilla

DECORACIÓN:

6-8 manzanas golden
azúcar blanco
mermelada de melocotón

Calienta en un cazo la nata, la leche y el azúcar con la piel de limón y la canela. En un bol aparte mezcla las yemas con la maicena hasta integrarlas. Cuando la mezcla del cazo empiece a hervir, cuélala para retirar la canela y el limón, y viértela poco a poco sobre las yemas, mezclando sin parar. Vuelve a colocar todo en el cazo a fuego bajo, removiendo de forma constante hasta que la crema espese. Pasa a un bol, cubre con film a piel y deja enfriar antes de usar.

Estira el hojaldre sobre una bandeja de horno y reparte la crema pastelera por toda la superficie. Corta las manzanas por la mitad y después en láminas finitas. Colócalas sobre la crema pastelera y espolvorea un poco de azúcar por encima. Introduce en el horno precalentado a 180 °C con calor arriba y abajo, y hornea durante 30-40 minutos. Una vez horneada, deja la tarta enfriar y termina pintando con un poco de mermelada para dar brillo.

Helados

Confieso que dudé mucho antes de incluir estas recetas en el libro. Un helado *perfecto* suele requerir una formulación precisa y un proceso de congelación minucioso para lograr la textura ideal. Pero, si me conoces un poquito, ya sabes que ningún reto se me resiste. Por eso aquí encontrarás cinco ideas de helados fáciles, pensadas para preparar en casa con ingredientes sencillos. Solo necesitas un poquito de paciencia y, lo más importante, confiar en el proceso.

Limón helado

6 limones

¿Sabías que este postre fue muy popular durante los años ochenta y noventa? De repente el limón helado apareció en todas las cartas de bares, restaurantes y chiringuitos, y no me extraña nada: es el típico postre que pedirías un día de verano, después de una buena paella con vistas al mar. Dulce, cítrico y fresquito.

6 limones grandes
200 ml de agua
200 g de azúcar blanco
la ralladura de 1 limón
250 g de nata de montar

Lava bien los limones y sécalos. Corta la parte superior (la *tapa*) y resérvala.

Con cuidado, vacía la pulpa de los limones con una cucharilla o vaciador, procurando no romper la piel. Reserva 200 ml de zumo y guarda las cáscaras vacías en el congelador: servirán como recipientes.

En un cazo calienta el agua con el azúcar y hierve hasta que el azúcar se disuelva por completo. Deja entibiar, añade el zumo de limón colado y la ralladura, mezcla bien y enfría en la nevera.

Monta la nata fría en la batidora hasta que esté semimontada e incorpora poco a poco el almíbar de limón frío, mezclando con movimientos envolventes para que no se baje.

Vierte la mezcla en un recipiente hermético y congela al menos 4 horas, removiendo con un tenedor cada 30-40 minutos durante las dos primeras horas para evitar cristales. Si tienes heladera, vierte la preparación en la máquina y manteca hasta obtener una textura cremosa (unos 20-30 minutos).

Cuando el helado esté cremoso y bien congelado, rellena las cáscaras de limón, coloca la *tapa* de cada uno y guarda en el congelador hasta el momento de servir.

Helado de coco y lima

 2 cocos helados

Me encanta preparar este helado, aunque confieso que lo más difícil no es la receta, sino partir el coco en dos. Lo ideal sería hacerlo con un machete, pero... ¿quién tiene un machete en casa? Intentarlo puede convertirse en un momento superdivertido (y un poco arriesgado quizá). Y si no te atreves, ningún problema: sirve el helado en un bol bonito y quedará igual de espectacular.

400 ml de leche de coco (entera y sin azúcar añadido)

250 g de nata de montar

120 g de azúcar

la ralladura de 2 limas

el zumo de 1 lima

50 g de coco rallado

1 coco fresco grande

Abre el coco con cuidado y retira el agua (puedes guardarla para batidos o *smoothies*). Córtalo en dos mitades procurando que queden lo más limpias y uniformes posible. Lava bien el interior y congela las mitades vacías: servirán como recipientes para el helado.

En un cazo mezcla la leche de coco con el azúcar y calienta suavemente hasta que el azúcar se disuelva. Añade la ralladura de lima, remueve y deja infusionar unos minutos. Deja enfriar por completo en la nevera.

Bate la nata bien fría hasta que quede semimontada. Incorpora la mezcla de leche de coco ya fría, el zumo de lima y el coco rallado. Mezcla con movimientos envolventes para mantener la cremosidad.

Vierte en un recipiente hermético y congela 4-5 horas, removiendo con un tenedor cada 30-40 minutos durante las dos primeras horas para evitar cristales. Si tienes heladera, vierte la preparación en la máquina y manteca hasta obtener una textura cremosa (unos 20-30 minutos).

Saca las mitades de coco del congelador y rellénalas con el helado de coco y lima. Decora con un poco de coco rallado tostado o unas rodajas de lima fresca. Mantén en el congelador hasta el momento de servir.

Helado de chocolate

Nunca te fíes de alguien a quien no le gusta el chocolate..., ¡seguro que algo esconde! Yo, en cambio, no puedo vivir sin él. Siempre tengo una o dos tabletas en casa para darme un pequeño capricho después de comer. ¡Es mi *guilty pleasure* total! Por eso no podía faltar en este capítulo mi receta de helado de chocolate: cremoso, intenso y todavía más irresistible si lo acompañas con unos frutos rojos.

120 g de chocolate negro (mínimo 60 % cacao)

200 ml de leche condensada

20 g de cacao puro en polvo

una pizca de sal

100 g de chips de chocolate

250 g de nata de montar

Funde el chocolate negro al baño maría o en el microondas en tandas de 15 segundos para que no se queme. Deja atemperar ligeramente para que no esté muy caliente.

En un bol mezcla la leche condensada, el cacao en polvo y una pizca de sal. Añade el chocolate fundido y mezcla bien hasta obtener una crema homogénea. Por último, agrega las chips de chocolate.

En otro bol monta la nata muy fría con unas varillas hasta que esté firme. Añade ⅓ de la nata a la mezcla de chocolate y remueve suavemente. Luego, incorpora el resto con movimientos envolventes para mantener la mezcla aireada.

Vierte la mezcla en un recipiente o un bol y cubre con papel film de modo que toque la superficie para evitar cristales de hielo. Congela durante 6-8 horas. Si quieres que quede aún más cremoso, cada 2 horas saca el helado y remueve con una cuchara para romper los cristales de hielo (hazlo 2 o 3 veces).

Decora con frutos rojos, frutos secos, trocitos de cookie ¡o añade los *toppings* que más te gusten!

Sándwich helado de Lotus®

8 sándwiches

Las Lotus® lo están petando cada vez más, y las he usado en tantas recetas diferentes que ya he perdido la cuenta. Así que, por supuesto, también existe la versión helada para todos los fanáticos de esta galleta de especias y caramelo. Crujiente por fuera, cremoso por dentro... ¡Imposible resistirse!

HELADO DE LOTUS®:

- 250 g de nata de montar
- 200 ml de leche condensada
- 150 g de crema Lotus®
- 80 g de galletas Lotus®

MONTAJE:

- 16 galletas Lotus®
- 200 g de crema Lotus® original o *crunchy*

Bate la nata bien fría hasta que forme picos firmes.

En un bol mezcla la leche condensada con la crema Lotus® ligeramente templada (solo unos segundos en el microondas o al baño maría, lo justo para que esté fluida).

Incorpora la nata montada poco a poco a la mezcla de leche condensada, usando movimientos envolventes para mantener el aire. Añade las galletas trituradas y mezcla suavemente.

Vierte en un molde o fuente rectangular, alisa la superficie, cubre con film y congela al menos 6 horas hasta que el helado esté firme.

Desmolda el helado y córtalo en 8 rectángulos del tamaño de las galletas. Coloca un bloque de helado entre dos galletas, presiona ligeramente para que queden bien adheridos y vuelve a congelar 1 hora.

Calienta un poco de crema Lotus® al baño maría o en el microondas (pocos segundos) hasta que quede fluida pero no demasiado líquida. Deja templar unos minutos para que no derrita el helado y sumerge la mitad de cada sándwich en la crema.

Coloca los sándwiches sobre una bandeja forrada con papel de horno y congela de nuevo hasta que la cobertura endurezca. Si quieres un toque más vistoso, espolvorea galleta triturada sobre la crema aún blanda antes de congelar.

Helado tipo Snickers®

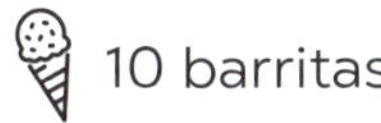

10 barritas

Mentiría si dijera que esta es la última receta con cacahuete y caramelo, pero ¡te prometo que ya falta menos! Estas barritas heladas son puro vicio, y todavía no sé qué me gusta más: el helado de cacahuete, el caramelo de cacahuete o la capa de chocolate que las envuelve. Solo te diré una cosa: tienes que hacerlas, porque están buenísimas.

HELADO DE CACAHUETE:

- 400 g de nata de montar
- 200 ml de leche condensada
- 100 g de crema de cacahuete
- 1 cdta. de extracto de vainilla

CARAMELO DE CACAHUETE:

- 200 g de azúcar blanco
- 100 g de nata de montar
- 40 g de mantequilla sin sal
- 100 g de cacahuetes tostados sin sal
- una pizca de sal

CONTINÚA...

Monta la nata muy fría hasta que forme picos firmes.

En un bol mezcla la leche condensada con la crema de cacahuete y la vainilla. Incorpora la nata montada poco a poco, usando movimientos envolventes para mantener el aire. Vierte en un molde rectangular (o en moldes de silicona para barritas), alisa la superficie y congela al menos 6 horas hasta que el helado esté firme.

En un cazo a fuego medio coloca el azúcar y deja que se funda sin remover, solo moviendo el cazo suavemente hasta obtener un caramelo dorado. Calienta la nata, luego añádela poco a poco (cuidado, saldrá mucho vapor) al cazo y remueve hasta que se integre. Incorpora la mantequilla y mezcla hasta obtener una salsa lisa. Añade una pizca de sal y los cacahuetes troceados. Deja enfriar a temperatura ambiente.

Desmolda el helado y córtalo en rectángulos del tamaño de una barrita Snickers®. Cubre la parte superior de cada rectángulo con una capa generosa de caramelo con cacahuetes. Tendrás que hacer este proceso rápido para que el helado no se descongele. Vuelve a congelar 1-2 horas para que el caramelo se fije bien.

COBERTURA DE CHOCOLATE:

300 g de chocolate con leche

40 g de manteca de cacao o aceite de coco

Funde el chocolate con la manteca de cacao (o aceite de coco) al baño maría o en el microondas a intervalos cortos. Deja templar hasta unos 32 °C para que no derrita el helado al sumergirlo. Sumerge cada barrita helada en el chocolate, cubriendo por completo. Coloca sobre una bandeja forrada con papel de horno y congela hasta que la cobertura endurezca.

Batidos

He querido reservar el capítulo final para estos tres batidos que, sí o sí, deberían estar en la carta de cualquier cafetería o en las meriendas de fin de semana en casa.

Preparar batidos es de lo más divertido: puedes jugar con los ingredientes, cambiar uno por otro e improvisar con lo que tengas en la nevera o la despensa. Aquí van mis tres favoritos del momento: el frappuccino superespumoso, el de Reese's®, que se ha convertido en mi nuevo vicio, y el clásico fresa-plátano (sí, con un poquito de cacahuete).

A todos les daremos el toque final con nata montada casera. También puedes utilizar nata en espray que encontrarás en cualquier supermercado. Pero créeme..., nada supera el sabor y la textura de una nata recién montada en casa. Anímate, que aquí te comparto mis truquitos para que te quede perfecta.

Nata *montada:*

250 ml de nata de montar

25 g de azúcar blanco

Mete el bol y las varillas en la nevera al menos 15 minutos antes. Cuanto más frío, mejor monta la nata.

Vierte la nata bien fría en el bol y empieza a batir con varillas eléctricas a velocidad media. Cuando veas que la nata comience a espesar, añade el azúcar poco a poco sin dejar de batir. Sigue batiendo hasta que se formen picos firmes. Ojo, no te pases, que si bates de más... ¡terminarás haciendo mantequilla!

Pasa la nata a una manga pastelera con la boquilla que más te guste y úsala al momento para coronar tus batidos. Si lo prefieres, puedes guardarla en la nevera dentro de la manga hasta 24 horas.

Y listo, ¡una nata casera que hará que tus batidos luzcan espectaculares!

Frappuccino de caramelo

1 frappé

La receta viral de este frappuccino se prepara con café soluble batido con azúcar y agua caliente. Así se consigue esa espuma densa y cremosa tan característica de este frappé. Pero si eres más exquisito (como yo, que no me resisto a un buen café de especialidad), puedes optar por preparar un expreso de calidad. No conseguirás la misma textura superespumosa, pero el sabor será mucho más top.

2 cdtas. de café soluble

1 cdta. de azúcar o el endulzante que prefieras

100 ml de agua muy caliente

2 cdas. de salsa de caramelo

1 bola grande de helado de vainilla

125 ml de leche fría (del tipo que más te guste)

2 cubitos de hielo

DECORACIÓN:

nata montada

cacao puro en polvo, virutas de chocolate, caramelo...

La clave para que tu frappuccino quede bonito y por capas es que dosifiques los ingredientes en el orden correcto.

Primero, bate el café soluble, el azúcar y el agua con un espumador eléctrico hasta conseguir una espuma de café densa y cremosa.

Seguidamente, pon 2 cucharadas de salsa de caramelo en el fondo del vaso. Mezcla el helado con la leche fría y vierte suavemente sobre el caramelo. Añade los cubitos de hielo y, después, la espuma de café por encima con mucho cuidado.

Corona con nata montada bien fría usando una manga pastelera y espolvorea cacao, virutas de chocolate o un chorrito extra de caramelo.

Batido de Reese's®

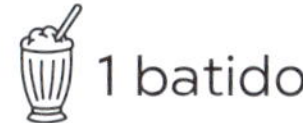

1 batido

Cuando viajé a California hace ya unos cuantos años probé los Reese's® por primera vez, y te lo digo así de claro: son completamente adictivos. Estas chocolatinas de mantequilla de cacahuete y chocolate llegaron a mi vida para quedarse, y aunque todavía tengo muchas recetas por experimentar, lo que tengo clarísimo es que en batido quedan espectaculares.

BATIDO:

- 2 Reese's®
- 200 ml de leche fría (del tipo que más te guste)
- 1 bola grande de helado de vainilla
- 1 cda. de crema de cacahuete
- 1 cda. de salsa de caramelo
- 2 cubitos de hielo (opcional)

DECORACIÓN:

- nata montada
- salsa de caramelo
- salsa de chocolate
- cacahuetes tostados troceados
- 1 Reese's®

Trocea los Reese's® y tritura en la batidora con la leche, el helado, la crema de cacahuete y el caramelo hasta obtener un batido espeso y homogéneo. Si lo quieres más frío y ligero, añade el hielo y vuelve a batir.

Sirve en vaso alto y decora con nata montada, un chorrito de salsa de caramelo y chocolate, cacahuetes troceados por encima y trocitos de Reese's®.

Batido de fresa, plátano y cacahuete

1 batido

Me he dado cuenta de que mi infancia está hecha, en parte, de momentos muy dulces. Quizá por eso me apasiona tanto la pastelería. El batido de fresa y plátano de Danup®, si creciste en los 2000, seguro que estuvo presente en más de una merienda de verano. Lo sé, me pongo nostálgica, pero hay sabores que nos transportan al pasado, y este, sin duda, es uno de ellos. Quizá por eso he querido cerrar el libro con esta receta aparentemente sencilla, pero con un valor emocional infinito y, claro está, con mi toque final de cacahuete, que no podía faltar.

BATIDO:

100 g de fresas frescas o congeladas
½ plátano maduro
125 ml de leche
1 cda. de manteca de cacahuete
1 cdta. de miel o sirope de agave (opcional)
2 cubitos de hielo (opcional)

DECORACIÓN:

nata montada
manteca de cacahuete
cerezas confitadas

Prepara la fruta, o sea, lava y corta las fresas, y pela y corta el plátano. En la batidora tritura la fruta con la leche y la crema de cacahuete hasta obtener una textura lisa y cremosa. Si te gusta dulce, puedes añadir miel o sirope de agave. Si lo quieres más frío y ligero, añade el hielo y vuelve a batir.

Decora el vaso con unas pinceladas de manteca de cacahuete, vierte el batido y decora con nata montada y cerezas confitadas.

Agradecimientos

Hace diez años publiqué mi primer post en @bakerybynoelia sin imaginar todo lo que vendría después. Diez años de recetas, de logros, de aprendizajes y de miles de experiencias. También diez años de mensajes llenos de cariño que he recibido a través de las redes sociales.

Por eso, quiero agradecer a quienes estáis desde el principio —cuando mi yo del pasado soñaba con un futuro como este— y a quienes acabáis de llegar: gracias. Gracias por cada «me gusta», cada comentario, cada vez que habéis hecho una receta y me habéis mandado una foto con ilusión. Vosotros sois el verdadero motor del Bakery, la razón por la que cada día me levanto con ganas de seguir creando, compartiendo y aprendiendo.

Bakery Hits! no podía ser otra cosa que un homenaje a vosotros: a quienes habéis guardado y elaborado mis recetas en casa, a quienes las habéis llevado a cumpleaños, meriendas y desayunos en familia. Este libro celebra nuestros diez años juntos, y cada página está hecha con un pedacito de vuestro cariño.

Gracias por acompañarme, por inspirarme y por hacer que este sueño siga creciendo.

Sin vosotros, @bakerybynoelia no sería lo mismo.

Escribiendo estas líneas me he dado cuenta de que la vida es como una receta: tiene sus ingredientes, sus trucos, sus pasos y sus tiempos. Si seguimos la receta con paciencia, saldrá bien. Si nos dejamos un ingrediente, nos saltamos algún paso o abrimos el horno antes de tiempo, el resultado será completamente diferente.

Después de diez años, soy consciente de la receta que estoy siguiendo, y de que la paciencia, la disciplina y el tiempo son claves para lograr cualquier sueño. Escribir mi segundo libro es, sin duda, algo que nunca hubiera imaginado, y aquí estoy… feliz y profundamente agradecida.

Gracias de corazón, 

Noelia

Índice de recetas

Batidos

Bizcochos

Bollería

Brownies

Cheesecakes

Cupcakes

Helados

Tartas

Tiramisú